数字文旅
与乡村振兴协调发展
——以河南省为例

吴莹洁 ◎ 著

图书在版编目（CIP）数据

数字文旅与乡村振兴协调发展：以河南省为例 / 吴莹洁著. -- 太原：山西经济出版社，2025.7. -- ISBN 978-7-5577-1534-2

Ⅰ. G127.61；F592.761；F327.61

中国国家版本馆 CIP 数据核字第 202530Q2T4 号

数字文旅与乡村振兴协调发展：以河南省为例
SHUZI WENLÜ YU XIANGCUN ZHENXING XIETIAO FAZHAN：YI HENANSHENG WEILI

著　　　者：	吴莹洁
责任编辑：	郭正卿
装帧设计：	中北传媒
出 版 者：	山西出版传媒集团·山西经济出版社
地　　　址：	太原市建设南路 21 号
邮　　　编：	030012
电　　　话：	0351-4922133（市场部）
	0351-4922085（总编部）
E-mail：	scb@sxjjcb.com
	zbs@sxjjcb.com
经 销 者：	山西出版传媒集团·山西经济出版社
承 印 者：	三河市龙大印装有限公司
开　　　本：	710mm×1000mm　1/16
印　　　张：	13.5
字　　　数：	192 千字
版　　　次：	2025 年 7 月　第 1 版
印　　　次：	2025 年 7 月　第 1 次印刷
书　　　号：	ISBN 978-7-5577-1534-2
定　　　价：	85.00 元

版权所有，翻印必究；如有印装问题，负责调换

前　言

在 21 世纪的数字浪潮中，文化与旅游的深度融合已成为推动地方经济发展、促进乡村振兴的重要力量。随着信息技术的飞速发展，数字文旅作为新兴业态，正以其独特的魅力和无限的潜力，引领着文旅产业的转型升级。而乡村振兴，作为国家战略的重要组成部分，旨在通过一系列综合性措施，推动农村地区经济社会的全面发展，实现城乡融合与协调发展。在此背景下，探讨数字文旅与乡村振兴的协调发展，无疑具有重大的理论意义和实践价值。

河南省，作为中华民族和中华文明的重要发祥地，拥有丰富的文化资源和旅游资源。近年来，河南省积极响应国家号召，大力推进数字文旅建设和乡村振兴工作，取得了一系列显著成效。然而，如何在新的时代背景下，进一步挖掘数字文旅的潜力，促进其与乡村振兴的深度融合，仍是摆在我们面前的一项紧迫任务。

本书通过系统梳理数字文旅与乡村振兴的基本理论，深入分析了河南省数字文旅与乡村振兴的发展现状，以及数字文旅与乡村振兴协调发展的机制和案例，为河南省乃至全国的数字文旅与乡村振兴协调发展提供了有益的探索和借鉴。

在写作过程中，作者力求做到理论与实践相结合，既注重理论的系统性和前沿性，又注重实践的针对性和可操作性。同时，还广泛收集了国内关于数字文旅与乡村振兴的最新研究成果和实践案例，以期为读者提供一个全面、深入、实用的知识参考。

本书适合从事文旅产业、乡村振兴、区域经济等领域的专家学者、政府工作人员、企业管理人员，以及广大关心和支持文旅产业与乡村振兴发展的社会各界人士阅读。相信，通过本书的出版，能够进一步推动数字文旅与乡村振兴的协调发展，为河南省乃至全国的乡村振兴事业贡献一份力量。

最后，十分感谢所有在本书写作过程中提供支持和帮助的同事和朋友，同时也感谢家人的支持和鼓励。本书是由2025年度河南省高等学校重点科研项目资助计划"数字文旅与河南乡村振兴耦合协调发展研究"（项目编号：25A630018）支持。作为本项目负责人，由于水平有限，且时间较为仓促，写作中难免存在疏漏之处，还望广大读者批评指正，多提宝贵意见，以便作者在未来的研究中不断改进和完善。

吴莹洁

2025年4月

目 录

第一章 导 论 ... 001
第一节 数字文旅与乡村振兴协调发展的时代背景 ... 001
第二节 数字文旅与乡村振兴协调发展的理论依据 ... 006
第三节 数字文旅与乡村振兴协调发展的现实意义 ... 010

第二章 数字文旅与乡村振兴协调发展的基本理论 ... 016
第一节 数字经济的内涵与特征 ... 016
第二节 文旅融合的概念与模式 ... 033
第三节 数字文旅的定义与特点 ... 044
第四节 乡村振兴的内涵与目标 ... 058
第五节 数字文旅与乡村振兴协调发展的基础理论 ... 062

第三章 河南省数字文旅与乡村振兴的发展现状 ... 067
第一节 河南省数字文旅的发展历程与成就 ... 067
第二节 河南省乡村振兴的推进情况与面临的挑战 ... 081
第三节 河南省数字文旅与乡村振兴的初步融合实践 ... 096

第四章　河南省数字文旅与乡村振兴协调发展的机制 102

第一节　河南省数字文旅对乡村振兴的驱动作用 102

第二节　河南省乡村振兴为数字文旅提供的发展机遇 109

第三节　河南省数字文旅与乡村振兴协调发展互利共赢 111

第五章　河南省数字文旅与乡村振兴协调发展的案例 113

第一节　洛阳市数字文旅与乡村振兴的融合实践 113

第二节　安阳市乡村旅游数字化转型案例 118

第三节　信阳市茶文化数字旅游与乡村振兴 124

第四节　其他典型案例 127

第五节　数字文旅与乡村振兴协调发展的模式 137

第六章　河南省数字文旅与乡村振兴协调发展的策略 143

第一节　政策支持与保障 143

第二节　完善数字基础设施建设 145

第三节　开发乡村文旅资源与设计乡村文旅产品 151

第四节　推动数字技术在乡村文旅产业中的应用 163

第五节　培养数字文旅人才 171

第六节　开展数字营销助力乡村文旅品牌传播 177

第七章　河南省数字文旅与乡村振兴协调发展的挑战与展望 184

第一节　未来面临的主要挑战与应对建议 184

第二节　未来发展趋势与前景展望 193

参考文献 206

第一章 导 论

第一节 数字文旅与乡村振兴协调发展的时代背景

一、数字中国战略的引领与推动

自2018年"数字中国"被正式确立为国家战略以来,我国各行各业迎来了数字化转型的新篇章。这一战略决策不仅标志着我国对数字时代发展趋势的深刻洞察,也彰显了我国在全球数字化浪潮中积极引领、主动作为的决心和魄力。在此背景下,各行各业纷纷响应号召,积极探索数字化转型的路径和模式,力求在数字化时代中抢占先机、赢得主动权。

值得一提的是,中共中央办公厅、国务院办公厅联合印发的《数字乡村发展战略纲要》为数字乡村建设提供了明确的顶层设计和政策导向。该纲要明确指出,要充分发挥网络、数据、技术和知识等新要素在农业农村现代化建设中的重要作用,通过加快信息化发展,整体带动和提升农业农村现代化水平。这一战略部署不仅为数字乡村建设指明了方向,也为数字文旅与乡村振兴的协调发展提供了坚实的政策保障和有力支持。

在数字中国战略的引领下,数字文旅作为数字技术与文化旅游产业深度融合的新兴业态,正逐渐成为推动乡村振兴的重要力量。数字化技术通过运用数字化手段,可以充分挖掘和展示乡村独特的文化资源,提升乡村的知名度和吸引力;同时,数字化技术还可以促进乡村文化的传承和创新,增强乡村文化的自信和影响力。因此,数字文旅与乡村振兴的协调发展不仅顺应了数字中国战略的发展趋势，也是实现农业农村现代化、促进城乡融合发展的重要途径。

二、乡村振兴战略的实施

乡村振兴战略作为国家发展的重要战略部署，其实施为乡村地区的发展注入了前所未有的新活力。这一战略旨在通过一系列政策措施和行动计划，全面推动乡村地区的经济建设、政治建设、文化建设、社会建设、生态文明建设，实现乡村全面振兴。

乡村文旅产业作为乡村振兴的重要抓手和切入点，其发展前景十分广阔。乡村地区拥有丰富的自然资源和独特的文化底蕴，这为发展文旅产业提供了得天独厚的条件。通过发展乡村文旅产业，不仅可以有效改善乡村地区"以农为主"的单一化产业结构，促进产业多元化发展，还能带动乡村地区的经济繁荣和农民增收。

更为重要的是，乡村文旅产业的发展能够带动乡村地区的经济、社会、生态和文明的全面提升。一方面，文旅产业的发展会吸引大量游客前来观光旅游，从而带动乡村地区的餐饮、住宿、交通等相关产业的发展，形成产业链和产业集群，促进乡村经济的整体提升。另一方面，文旅产业的发展还能促进乡村文化的传承和创新，增强乡村文化的自信和影响力，推动乡村社会的文明进步。

在乡村振兴战略的实施过程中，数字文旅的融入为乡村文旅产业的发展提供了新的动力和机遇。数字化技术的应用可以极大地提升乡村文旅产业的竞争力和吸引力，通过数字化手段，可以更加生动、形象地展示乡村的自然风光和文化底蕴，让游客在虚拟世界中提前感受乡村的魅力，从而激发游客的旅游兴趣。同时，数字化技术还可以为乡村文旅产业提供智能化、个性化的服务，提升游客的旅游体验，增强乡村文旅产业的竞争力。因此，数字文旅的融入将为乡村文旅产业的发展注入新的活力，推动乡村地区的全面振兴。

三、文旅产业数字化转型的迫切需求

随着全球化和信息化的不断深入发展，文旅产业正置身于一场前所未有的深刻变革之中。这场变革不仅源于外部环境的巨变，更源自游客需求结构的根本性转变。如今，游客对旅游体验的需求日益呈现出多样化、个性化的特点，他们不再满足于传统的、单一的文旅产品和服务，而是追求更加独特、深入、互动的旅游体验。然而，传统的文旅产业模式在面对这种市场需求变化时显得力不从心。传统的文旅产品和服务往往缺乏创新性和个性化，难以满足游客日益增长的多元化需求。因此，文旅产业迫切需要进行数字化转型，以适应市场的新变化和新需求。

数字技术的应用为文旅产业的创新升级提供了有力的支撑。虚拟现实（Virtual Reality，以下简称 VR）、增强现实（Augmented Reality，以下简称 AR）等先进技术的引入，使得文旅产品和服务的形式和内容得到了极大的丰富和拓展。通过 VR 技术，游客可以在虚拟世界中提前感受旅游目的地的魅力，获得身临其境的旅游体验；而 AR 技术则可以将虚拟元素与现实世界相结合，为游客提供更加有趣的旅游互动体验。

此外，大数据、云计算等技术的应用也为文旅产业的数字化转型提供了有力的支持。通过大数据分析，文旅企业可以更加精准地了解游客的需求和偏好，从而为他们提供更加个性化、定制化的产品和服务。而云计算技术则可以为文旅企业提供高效、便捷的数据存储和信息处理服务，从而降低企业的运营成本，提高企业的竞争力。

综上所述，文旅产业的数字化转型已成为时代发展的必然趋势。通过数字化手段，文旅企业可以创造出更加丰富、个性化且互动性更强的产品与服务，从而有效提升游客的旅游体验，满足市场需求。同时，数字化转型还可以为文旅企业带来新的商业模式和盈利模式，推动文旅产业的持续创新和发展。

四、城乡融合发展的必然趋势

在当今时代,城乡融合发展已成为一种不可逆转的必然趋势。这一趋势不仅体现了经济社会发展的客观规律,也是推动国家现代化进程的重要动力。在此背景下,数字文旅与乡村振兴的协调发展显得尤为重要,成为促进城乡融合发展、实现乡村全面振兴的关键路径。

数字技术以其独特的优势,打破了地域限制,极大地促进了城乡之间的信息交流和资源共享。这一变革为乡村地区的发展带来了前所未有的机遇。通过数字文旅平台,乡村地区的自然风光、民俗文化、特色美食等独特资源得以被更广泛地展示和传播,吸引了众多游客的目光。游客可以通过数字平台了解乡村的旅游信息并提前规划行程,甚至可以在线预订旅游产品和服务,从而极大地提升了旅游体验的便捷性和满意度。

数字文旅的发展不仅为乡村地区吸引了大量游客,提升了当地的经济水平,更带动了相关产业的蓬勃发展。民宿、农家乐、手工艺品等乡村特色产业在数字文旅的推动下,迎来了新的发展机遇。通过数字平台,这些特色产业得以更好地展示和销售,拓宽了市场渠道,提高了品牌知名度。同时,数字文旅的发展还促进了乡村地区物流、电商等相关配套产业的发展,进一步完善了乡村地区的产业体系。

此外,数字文旅与乡村振兴的协调发展还有助于推动城乡之间的文化交流和融合。通过数字平台,城市游客可以更加深入地了解乡村的文化和历史,感受乡村的独特魅力。而乡村居民也可以通过数字平台了解城市的文化和发展动态,拓宽视野,提高自我发展能力。这种文化交流和融合不仅促进了城乡之间的相互理解与尊重,也为城乡融合发展注入了新的活力和动力。

由此可见,城乡融合发展的大趋势下,数字文旅与乡村振兴的协调发展显得尤为重要。这一协调发展模式不仅有助于推动乡村地区的经济繁荣和社会进步,也为城乡融合发展提供了新的路径和选择。未来,随着数字技术的不断发展和完善，数字文旅与乡村振兴的协调发展将迎来更加广阔的空间和更加美好的前景。

五、居民消费升级的驱动

随着我国经济的快速发展和居民收入水平的稳步提升，居民对美好生活的向往和追求日益增强。在文旅消费领域，这一变化尤为显著。游客不再仅仅满足于传统的观光旅游模式，他们更加注重旅游体验的深度、个性化和品质化，渴望在旅行中获得更多元、更独特、更高质量的旅游产品与服务。

这一消费升级的趋势对文旅产业提出了新的挑战，也孕育了新的机遇。数字文旅的融入，正是顺应这一趋势，满足游客新需求的关键所在。通过数字化手段，文旅产业获得了前所未有的创新空间，使打造更具沉浸感和互动性的旅游体验场景成为可能。通过VR、AR等先进技术，数字文旅能够为游客打造出身临其境的旅游体验。游客可以在虚拟世界中提前探索旅游目的地，感受那里的风土人情、自然风光，甚至参与当地的特色活动。这种沉浸式的体验不仅极大地丰富了游客的旅游感受，也提高了他们对旅游目的地的期待和兴趣。同时，数字文旅还通过智能化、个性化的服务满足了游客的个性化需求。通过大数据分析，文旅企业可以更加精准地了解游客的偏好和需求，为他们提供定制化的旅游产品与服务。这种个性化的服务不仅提升了游客的满意度，也增强了他们对文旅品牌的忠诚度和黏性。

综上所述，数字文旅与乡村振兴的协调发展确实置身于一个多维度的时代背景之中。这一时代背景既涵盖了国家层面的政策支持和引导，为数字文旅与乡村振兴的融合发展提供了坚实的政策基础和方向指引；同时也深受市场需求和消费升级趋势的深刻影响，游客对文旅体验日益增长的多样化、个性化和品质化需求，为数字文旅的创新发展提供了广阔的市场空间和无限可能。在这一背景下，数字文旅与乡村振兴的协调发展不仅顺应了时代发展的潮流，也符合经济社会高质量发展的内在要求。数字文旅的融入为乡村地区带来了全新的发展机遇，通过数字化手段展示和传播乡村的独特魅力，吸引更多游客前来体验和消费，进而带动乡村经济的多元化发展。同时，乡村振兴的推进也为数字文旅提供了丰富的资源和广阔的市场，二者相互促进、相得益彰。因此，我们有理由相信，数字文旅与乡村振兴的协调发展将成为推动经济社会高质量发展的重要力量。未来，随着数字技术的不断发展和完善，以及乡村振兴战略的深入实施，数字文旅与乡村振兴的融合发展将迎来更加广阔的空间和更加美好的前景，为经济社会的持续健康发展注入新的活力和动力。

第二节　数字文旅与乡村振兴协调发展的理论依据

一、数字文旅与乡村振兴高度契合

在当今数字化转型的大潮中，数字文旅产业以其独特的创新性、融合性以及绿色性等特定属性，与乡村振兴战略形成了高度契合的态势。数字文旅，作为文化和旅游深度融合的新兴产业形态，依托现代信息技术手段，如大数据、云计算、人工智能等，实现了文化旅游资源的数字化、网络化、智能化开发与利用，为传统文旅产业带来了革命性的变革。具体而言，数字文旅的创新性体现在其能够打破传统文旅产业的边界，通过技术创新和模式创新，为乡村旅游、民俗文化传承、非物质文化遗产保护等乡村振兴的重点领域注入新的活力和动力。例如，利用 VR、AR 技术，可以重现乡村的历史场景，让游客在沉浸式体验中感受乡村文化的魅力，从而提升乡村旅游的吸引力和竞争力。

同时，数字文旅的融合性也使其与乡村振兴战略紧密相连。数字文旅不仅融合了文化旅游的各个要素，还跨界融合了农业、教育、科技等多个领域，形成了多元化的产业生态。这种跨界融合不仅丰富了乡村旅游的产品体系，还促进了乡村产业结构的优化升级，为乡村振兴提供了有力的产业支撑。

此外，数字文旅的绿色性也是其与乡村振兴战略相契合的重要体现。数字文旅强调在保护生态环境的前提下进行开发，通过数字化手段减少对自然资源的过度开发，实现文化旅游的可持续发展。这与乡村振兴战略中强调的生态文明建设理念不谋而合，共同推动了乡村的绿色发展和可持续发展。换言之，乡村振兴也为数字文旅提供了广阔的发展空间和实践平台。乡村振兴战略的实施，使得乡村地区的文化旅游资源得到了更加充分的挖掘和利用，为数字文旅产业的发展提供了丰富的素材和灵感。同时，乡村振兴带来的基础设施完善、公共服务提升等，也为数字文旅产业的落地实施提供了有力的保障。

综上所述，数字文旅与乡村振兴之间存在着相互促进、相辅相成的关系。这种关系不仅为我们深入研究二者的协同发展提供了有力的支撑，还为推动乡村全面振兴和数字文旅产业的繁荣发展开辟了新的路径。未来，我们应进一步探索数字文旅与乡村振兴的协同发展机制，充分发挥二者在促进经济社会发展中的重要作用。

二、数字文旅驱动乡村振兴新业态涌现

数字文旅依托数字文旅产业这一核心载体，致力于推动乡村振兴融合业态的深度拓展与升级。其发展策略需兼顾两方面的效能优化。一方面，需着力扩大数字文旅的产业化规模，以此增进乡村文旅产业的总体体量。数字技术凭借其贯穿文旅产业全链条的高端、高效特性，随着产业规模的扩张，不断催生乡村文旅的新业态。另一方面，则需拓宽文旅产业的数字化应用范畴，以实现乡村文旅产业的增量与效能的双重提升。传统文旅产业在数字技术的深度融合与驱动下，凭借生产数量与生产效能的显著提升，为乡村经济的高质量发展注入了新的活力。

数字技术的深度融合，促使跨界合作成为乡村振兴的新兴产业趋势，使得乡村生活的衣食住行等生活场景呈现出焕然一新的形态。时代的发展与进步明晰地昭示，乡村振兴的实现需要探索乡村与更多系统的共生共荣

之路，转变传统的发展思维定式，构建切实有效的共生共建网络体系，方能开拓乡村文化产业与旅游发展的新路径与新业态。首先，乡村振兴的主要任务是创建乡村文旅的数字化产品。"数字+"与现有农业、旅游业、文化产业的深度融合，引领乡村主体逐渐从传统的生产与消费模式向多元化、现代化、数字化的生产生活方式转变，有效满足了乡村文旅系统在发展过程中自我更新迭代的内在需求，极大地提升了乡村文旅产品的竞争力与供给力。这对于打造富含乡村韵味、蕴含乡土人情、展现田园风光的数字文旅产品，以及促进乡土故事的数字化、现代化表达，具有举足轻重的推动作用。

其次，乡村振兴需致力于提升乡村文旅产品的附加值。通过完善基础设施与采纳新技术手段，拓宽文旅资源的传播路径，从而实现传播受众规模的最大化。乡村数字文旅展现出显著的"联动效应"与"辐射效应"，特别是借助当前发达的互联网技术与移动媒体平台，为乡村文旅产品与品牌产业、影视作品、漫画 IP 等主流娱乐元素的结合提供了展示与消费的广阔舞台，使文旅产品在"数字"技术的赋能下实现消费与服务规模的极致拓展。

最后，乡村振兴需实现乡村文旅产业链的重组与优化。在深入把握产业融合深度与广度的基础上，数字化已广泛渗透到乡村文旅发展的服务、管理、教育等多个领域，能够有效促进乡村原有产业链的完善与更新迭代，并催生出更多的产业价值。

三、数字文旅塑造乡村振兴的新范式

数字技术与文化和旅游产业之间存在着错综复杂的内在联系。作为提升文旅产业用户体验的核心工具，数字技术为文旅产品的迭代升级和产业的转型升级注入了原生动力。同时，文旅产业也为数字技术的实际应用和优化创新提供了宝贵的实践舞台。在乡村振兴事业蓬勃发展的当下，数字技术与文旅产业深度融合催生的数字文旅，不仅填补了乡村文旅融合发展的技术空白，更展现了乡村数字文旅事业的广阔前景，塑造了乡村文旅产业融合发展的新范式。数字科技的深度融入，不仅孕育了乡村文化产业与旅游发展的新业态，还产生了乡村文旅产业在主体、服务与管理层面的全新融合发展模式。

首先，农民群体跃居为数字文旅赋能乡村振兴的核心主体。在数字化时代，乡村振兴的实现主体已从企业投资、政府主导、专家指导转变为农民群体。农民通过多元化的方式积极参与乡村振兴事业，全面投身乡村文旅产品的创作、生产制作、营销推广等各个环节，充分彰显了农民群体在乡村文旅产品生产和文化生活中的责任感与主体意识。

其次，精准化服务成为数字文旅赋能乡村振兴的标志性服务方式。导航、导游、导购、民宿和出行等日常生活服务已呈现出数字化、精细化、智慧化的发展态势，这对乡村文旅的精准化服务提出了更高要求。随着数字乡村战略的持续推进，城乡数字鸿沟得到有效弥合，为乡村文旅的精准化服务提供了坚实的技术支撑。依托大数据精准分析，各主体通过构建乡村文旅数据库，为乡村文旅的融合发展提供实时路况、精准定位、沉浸式环境模拟等丰富资源，同时进一步优化乡村教育、社会救助、医疗保障等数字化服务。

最后，整体联动机制成为数字文旅赋能乡村振兴的创新管理方式。乡村文旅产品可与景区、酒店等实体产业实现打包组合，通过拓宽供给范围、优化产业结构，促进多个产业间的数字化联结。此外，乡村文旅产品与电商、物流交易平台等第三方数字技术体系的深度融合，将成为未来乡村数字文旅运营模式的热点发展方向。

四、数字文旅为乡村振兴提质增效注入新活力

文旅产业作为21世纪的朝阳产业，其活力与潜力无可限量。在乡村文旅产业中融入数字元素，不仅推动了产业的提档升级，扩大了服务规模，还有效弥补了其发展过程中存在的结构单一、规模薄弱、收益不足、活力不够等缺陷。同时，数字技术的融入也让乡村文明在数字时代焕发出了新的价值。

从技术层面来看，数字化信息技术为乡村文旅产业提供了强大的支撑。它使乡村文旅产业能够与多层次、宽领域的多元生产与消费主体进行数字化衔接，产业链在多方平台上实现了相互连接与共享。这种数字化的连接模式，不仅提高了生产效率，还拓展了市场规模，增强了商品的吸引力。同时，任何发展数字文旅的单一个体或特定主体，都具备将产品生产、价值传播与消费体验等链条贯通实现的能力，这有助于推动乡村数字文旅生态系统建设的持续健康发展，以及与相关配套产业的协同并进，从而加快农村文旅产业的提质增效步伐。

从内容层面来看，持续挖掘乡村传统的文化内涵是数字文旅发展的重点。乡村数字文旅以特色鲜明的宗教文化、底蕴丰厚的民俗文化等作为产品内核，这些厚重的文化提高了乡村数字文旅的内涵魅力。通过现代的数字技术，我们不仅能够发挥文旅生态在市场中的放大效应，还能够让人们通过智慧场景、科普展示等线上形式，感受到乡村文化的独特魅力和内涵品质。这种深度挖掘文化内涵的做法，不仅提升了乡村数字文旅的品质和层次，也为其注入了新的活力和独特性。

综上所述，数字文旅为乡村振兴提质增效注入了新的活力。通过技术层面的数字化链接和内容层面的文化内涵挖掘，乡村文旅产业将实现更高效、更高质量的发展，从而为乡村振兴事业作出更大的贡献。

第三节　数字文旅与乡村振兴协调发展的现实意义

一、促进乡村经济向多元化发展

在数字时代背景下，数字文旅与乡村振兴的深度融合与协调发展，为乡村经济开辟了一条前所未有的多元化发展道路。数字技术的广泛应用，如同为乡村经济插上了一双腾飞的翅膀，使得乡村地区的独特资源得以跨越地域的束缚，以全新的面貌展现在全球游客的视野中。数字技术通过高清影像、虚拟现实、增强现实等手段，将乡村地区的自然风光、民俗文化、特色美食等丰富资源进行数字化呈现。这些生动逼真的数字化展示，不仅显著提升了乡村旅游的吸引力，还成功吸引了大量对乡村生活充满向往的游客前来体验。游客通过线上平台了解乡村的独特魅力，进而产生强烈的旅游意愿，并实际前往乡村地区消费。这一过程中不仅促进了乡村旅游产品的线上销售，更为乡村经济带来了直接而显著的收益增长。

更为重要的是，数字文旅的发展不仅局限于旅游业本身，还产生了强大的辐射效应，带动了乡村地区相关产业的蓬勃发展。随着乡村旅游的兴起，民宿产业作为乡村旅游产业链中的重要环节，迎来了前所未有的发展机遇。越来越多的乡村民宿以其独特的建筑风格、温馨的住宿环境和浓郁的乡村氛围，赢得了游客的青睐。同时，农家乐也凭借其地道的乡村美食和丰富的休闲娱乐活动，成为乡村旅游的一大亮点。此外，手工艺品等乡村特色产品也借助数字文旅的平台，得到了更广阔的展示和销售渠道，进一步拓宽了乡村经济的增收渠道。

数字文旅与乡村振兴的协调发展，不仅促进了乡村旅游业的繁荣，还带动了民宿、农家乐、手工艺品等相关产业的兴起，形成了多元化的经济格局。这种多元化的经济格局不仅增强了乡村经济的抗风险能力，还为乡村经济的可持续发展奠定了坚实的基础，为乡村全面振兴注入了新的活力。

二、提升乡村文化软实力

数字文旅与乡村振兴的协调发展为乡村文化软实力的提升开辟了新的路径，赋予了乡村文化新的生命力和活力。在数字技术的赋能下，乡村地区的文化遗产、自然景观、民俗风情等宝贵资源得以以数字化的形式被记录和管理，形成了一个系统而统一的数据库。这一数据库的建立，不仅为乡村文化的保护提供了有力的技术支持，确保了文化遗产的完整性和真实性得以长久保存，还为乡村文化的传承和开发利用奠定了坚实的基础。通过数字化手段，乡村文化得以跨越时空的限制，以更加生动、直观的方式呈现，使传统文化的精髓得以延续和发扬。

同时，数字文旅的发展极大地促进了乡村文化的传播和创新。借助社交媒体、短视频平台等新媒体渠道，乡村特色文化得以通过更便捷、高效的方式进入大众视野。这些平台凭借其广泛的覆盖范围和强大的传播力，使得乡村文化能够迅速走出乡村，走向全国乃至世界，从而显著提升了乡村文化的知名度和影响力。

此外，数字文旅为乡村文化注入了创新活力。在数字化浪潮的推动下，乡村文化通过与传统产业、现代科技相融合，催生出了一系列具有鲜明乡村特色和文化内涵的新产品、新业态。这些创新成果不仅丰富了乡村文化的表现形式，还为乡村文化的繁荣发展注入了新的动力。

数字文旅与乡村振兴的协调发展，对于提升乡村文化软实力具有深远意义。它不仅保护了乡村文化的遗产，促进了文化的传承和开发利用，还拓宽了文化的传播渠道，激发了文化的创新活力，为乡村文化的全面发展开辟了新的篇章。

三、推动城乡融合发展

数字文旅与乡村振兴的协调发展，为城乡融合发展注入了新的活力，成为推动城乡一体化进程的重要驱动力。数字技术的广泛应用，如同一座桥梁，将乡村地区的丰富资源与城市的需求紧密相连，从而实现城乡之间的信息无障碍交流和资源的共享共用。

在数字技术的支撑下，乡村地区的自然风光、民俗文化、特色产品等独特资源得以跨越地域限制，以数字化的形式呈现在城市居民的眼前。这种信息的即时传递和资源的共享，不仅让城市居民更加直观地感受到乡村的魅力，也激发了他们对乡村旅游和文化的兴趣，从而促进了城乡之间的旅游互动和文化交流。更为重要的是，数字文旅的发展推动了城乡之间的产业协同发展。城市地区的旅游企业和数字科技企业，凭借其敏锐的市场洞察力和先进的技术实力，与乡村地区的文旅资源开展了深度合作。他们共同开发了一系列具有市场竞争力的文旅产品，如乡村主题游、农耕文化体验游等。这些产品不仅满足了城市居民对乡村旅游的多元化需求，也提升了乡村旅游的品质和附加值。

这种城乡之间的产业合作，不仅实现了资源的优化配置和互利共赢，还有效地促进了城乡经济的融合发展。乡村地区通过引入城市的资金、技术和管理经验，显著提升了文旅产业的竞争力和可持续发展能力；而城市地区则通过拓展乡村旅游市场，丰富了旅游产品体系，拓宽了经济发展空间。数字文旅与乡村振兴的协调发展，为城乡融合发展提供了新的契机和动力。一方面它促进了城乡之间的信息交流和资源共享，另一方面它推动了城乡之间的产业协同发展，为构建城乡一体化发展的新格局奠定了坚实的基础。

四、促进就业与人才培养

数字文旅与乡村振兴的协调发展，犹如一股强劲的春风，为乡村地区带来了就业与人才培养的崭新机遇。随着数字文旅产业的蓬勃兴起，乡村地区的经济结构和产业格局发生了深刻变化，对各类专业人才的需求也日益增长。

一方面，数字文旅产业的发展为乡村地区提供了大量的就业机会。从设计师到策划师，从营销师到客服，这些新兴的职业岗位不仅要求从业者具备专业的知识和技能，还为乡村居民提供了多样化的就业选择。许多原本在城市中寻求发展机会的乡村青年，如今可以在家乡找到适合自己的工作，既实现了个人价值，又促进了乡村经济的繁荣。

另一方面，数字文旅的发展对乡村居民的技能和素质提出了更高要求。为了适应数字文旅产业的发展需求，乡村居民需要不断学习新知识、新技能，从而全面提升自身综合素质。这一提升过程不仅有助于乡村居民更好地适应市场变化，还为他们的职业发展奠定了坚实基础。同时，数字文旅产业的兴起也激发了乡村居民对创新的热情，进一步推动了乡村地区创新氛围的形成。

此外，数字文旅的发展还促进了乡村地区的人才培养和引进。一方面，乡村地区可以通过与高校、职业院校等教育机构合作，定向培养符合数字文旅产业发展需求的专业人才；另一方面，乡村地区还可以通过优化人才政策、改善生活环境等方式，吸引更多优秀人才来乡村工作、生活。这些人才的涌入，为乡村地区的长期发展提供了有力的人才保障和智力支持。

数字文旅与乡村振兴的协调发展，不仅为乡村地区提供了大量的就业机会，更提升了乡村居民的技能和素质，以及人才的培养和引进。这些积极变化，为乡村地区的经济繁荣和社会进步注入了新的活力，也为乡村地区的长期发展奠定了坚实基础。

五、推进和深化乡村振兴战略的实施

数字文旅与乡村振兴的协调发展，不仅是乡村振兴战略深入实施的重要标志，更是其得以持续推进和深化的关键动能。在数字技术的强大赋能下，乡村地区的文旅资源得以更全面、深入地开发和利用，为乡村振兴战略的实施提供了坚实而有力的支撑。

数字技术以其独特的优势，为乡村文旅资源的挖掘、整合和呈现提供了全新路径。通过数字化手段，乡村的自然风光、民俗文化、历史遗迹等独特资源得以以更生动、直观的方式呈现，吸引了众多游客的目光，也为乡村旅游的发展注入了新的活力。这种资源的有效开发和利用，不仅促进了乡村旅游业的繁荣，也为乡村经济的多元化发展提供了有力支撑。

同时，数字文旅的发展在提升乡村文化软实力方面发挥了重要作用。数字技术使得乡村文化得以以更便捷、高效的方式传播与交流，让更多人了解和认同乡村文化的独特魅力。这种文化的传播和交流，不仅增强了乡村文化的自信和影响力，也为乡村文化的传承和创新提供了新的契机。

此外，数字文旅还促进了城乡之间的融合发展。通过数字技术，乡村地区的文旅资源得以与城市的需求和市场相连接，实现了城乡之间的资源互补和优势互补。这种融合发展不仅有助于缩小城乡之间的差距，也为城乡之间的协同发展提供了新的动力和机遇。

综上所述，数字文旅与乡村振兴的协调发展具有深远的现实意义和战略价值。它不仅推动了乡村经济的多元化发展、提升了乡村文化软实力、促进了城乡融合发展,更为乡村振兴战略的深入实施注入了新的动力。在未来的发展中,我们应继续深化对数字文旅与乡村振兴协调发展的研究和实践,不断探索新的发展模式和创新路径,为乡村地区的长期发展注入新的活力和动力。同时,我们也应加强政策引导和支持,为数字文旅与乡村振兴的协调发展提供有力的政策保障和支持。

第二章　数字文旅与乡村振兴协调发展的基本理论

第一节　数字经济的内涵与特征

一、数字经济的内涵

数字经济的概念最早可追溯至唐·泰普斯科特所写的《数字经济：网络智能时代的希望与危机》，但该书并未对数字经济给出明确的定义。随后，尼古拉斯·尼葛洛庞帝在《数字化生存》一书中，深刻阐述了信息技术的巨大应用潜力，并勾勒出数字时代变革的宏伟蓝图，指出数字经济将对经济活动产生全面而深远的渗透与改革影响[1]。在此基础之上，梅森伯格将数字经济与电子商务等同起来，认为电子商务、业务流程及基础设施共同构成了数字经济的主要框架[2]。另有研究从互联网应用场景的角度出发，认为数字经济是利用互联网进行交易的所有经济活动[3]。此外，部分研究从产出的视角进行探讨，如 Knickrehm（克尼克雷姆）等学者提出，数字经济主要是由数字技术、数字设备、数字化中间品等数字化投入所带来的全

---

[1] Negroponte N. Being Digital [M]. New York: Vintage, 1996.

[2] Mesenbourg T L. Measuring Electronic Business [J]. Definitions Underlying Concepts & Measurement Plans, 1999.

[3] Quah D. Digital Goods and the New Economy [J]. LSE Research Online Documents on Economics, 2003, 167(3): 401.

部经济[1]。Bukht（瑞马娜·柏科特）和Heeks（瑞查德·希克森）则进一步从广义和狭义两个层面对数字经济的范围进行了界定。广义上，他们认为数字经济涵盖了基于数字技术的一切经济活动；狭义上，则将其限定为由数字商品或服务所构成的商业模式[2]。

在国内，裴长洪等认为数字经济是以信息通信技术为核心的技术手段，通过信息技术渗透到工农业、服务业等社会经济的生产环节中，隶属于技术属性[3]，成为以数字基础设施为核心支撑的互联网活动和数字媒体服务的集合，是先进生产力的重要代表[4]。

随着数字经济的深入发展，世界各国都给予了高度重视。美国商务部和经济分析局（BEA）发布的相关数字经济报告中明确指出，数字经济应主要由数字使能基础设施、电子商务和数字媒介构成，基于信息通信技术和互联网的经济活动总和[5]。澳大利亚政府亦一直将数字经济发展置于重要位置，认为数字经济是通过信息技术实现全球网络化的经济社会活动，是促进社会生产、提高国际竞争力的必然选择[6]。同时，国际经济社会组织也连续多次发布数字经济研究报告，强调数字经济已全面渗透到经济活动的各个领域，指出数字技术已对教育、医疗、交通、金融、商务等多个行业产生了深远影响，改变了传统经济的运行模式，凸显了经济活动数字化的新形态。随着数字经济相关研究的不断深入，关于数字经济的内涵逐渐达成了共识。2016年，G20杭州峰会发布的《G20数字经济发展与合作倡

---

[1] Knickrehm M, Berthon B, Daugherty P. Digital Disruption: The Growth Multiplier [J]. Dublin: Accenture, 2016(1): 1-12.

[2] Bukh R, Heeks R. Defining, Conceptualizing and Measuring the Digital Economy [J]. Global Development Institute working papers, 2017, 68(8): 143-172.

[3] 裴长洪，倪江飞，李越.数字经济的政治经济学分析[J].财贸经济，2018，39（9）：5-22.

[4] 关会娟，许宪春，张美慧，等.中国数字经济产业统计分类问题研究[J].统计研究，2020，37（12）：3-16.

[5] Barefoot K, Curtis D, Jolliff W, et al. Defining and Measuring the Digital Economy [R]. Washington: US Department of Commerce Bureau of Economic Analysis, 2018.

[6] Department of Broadband Communications and the Digital Economy. Advancing Australia as a Digital Economy: An Update to the National Digital Economy Strategy [M]. Canberra: Commnuications and the Digital Economy, 2013.

议》中明确指出，数字经济将信息化技术、数字化信息、信息网络作为其发展的关键动力、生产要素和发展载体，是一系列经济活动的总和。随后，2017年中国信息和通信研究院在G20峰会内涵界定基础上，进一步提出数字经济作为一种新型经济形态，通过与实体经济的融合推动实体产业智能化、网络化、数字化发展，是改善产业发展形态和推动经济高质量发展的关键。此外，国际货币基金组织IMF则侧重以数字化平台为核心，广义上将数字经济定义为所有使用数字化信息的活动，狭义上则将其定义为基于数字化平台的经济活动[①]。

二、数字经济的特征

（一）数据驱动

在数字经济这一新兴且充满活力的领域中，数据无疑扮演着至关重要的角色，被视为其核心资产。这一观点在众多学术专著及研究文献中得到了广泛的认同。数据作为信息时代的基石，其重要性在数字经济时代被进一步凸显。

企业和组织在数字经济的大潮中，纷纷将数据视为推动自身发展的关键力量。它们通过多样化的渠道和手段，如传感器、社交媒体、交易记录等，大量收集各类数据。这些数据涵盖了市场趋势、消费者行为、运营效率等多个维度，为企业的决策提供了全面而深入的信息支持。收集到的数据并非孤立存在，而是需要经过系统的存储和管理。企业和组织利用先进的数据存储技术，如云计算、大数据平台等，确保数据的安全性、可靠性和可扩展性。这为后续的数据分析和应用奠定了坚实的基础。

在数据分析阶段，企业与组织运用数据挖掘、机器学习等先进技术，对存储的数据进行深入剖析。通过揭示数据背后隐藏的规律和趋势，企业与组织能够更准确地把握市场动态，预测消费者需求，从而做出更加明智的决策。最终，这些经过深入分析的数据被应用于企业的各个层面。在决

---

① IMF. Measuring the Digital Economy [R]. IMF Policy Papers, 2018.

策层面，为企业的战略规划、资源配置等提供了科学依据；在业务流程优化方面，帮助企业识别瓶颈、提高效率；在新产品与服务的开发上，则成为创新的重要源泉。总之，数据驱动已成为数字经济时代企业和组织发展的核心引擎，推动着它们在激烈的市场竞争中不断前行。

（二）高创新性

在数字经济这一前沿且充满活力的领域，技术创新犹如一股不竭的洪流，层出不穷，为经济社会发展注入强大的动力。其中，人工智能、区块链等新技术作为数字经济的代表性技术，正以前所未有的速度崛起，并展现出巨大的应用潜力和价值。

人工智能，作为智能科技的前沿阵地，通过模拟和延伸人的智能，实现了对复杂问题的智能化处理。在数字经济时代，人工智能技术被广泛应用于各个领域，如智能制造、智慧城市、智能医疗等，显著提高了生产效率和服务质量。与此同时，人工智能技术的不断创新与发展，也为数字经济带来了新的商业模式和业态，如基于人工智能的个性化推荐系统、智能客服等，为消费者提供了更便捷、高效的服务体验。

区块链技术，则以其去中心化、透明性和可追溯性等特点，为数字经济的安全性和可信度提供了有力保障。在金融、物流、版权保护等领域，区块链技术正逐渐发挥其独特优势，推动这些行业的数字化转型和升级。例如，基于区块链的数字货币和智能合约，为金融交易提供了更安全、高效的解决方案；区块链技术在物流领域的应用，则实现了货物追踪和溯源的全流程透明化，提升了物流行业的整体效率。

更为重要的是，这些新技术不仅能够快速涌现，还能够迅速应用到各个行业之中，与传统产业深度融合，从而催生出一系列新的商业模式和新兴业态。这种高创新性使得数字经济领域充满了无限可能，也为经济社会的持续发展提供了源源不断的动力。可以预见，在未来的数字经济时代，技术创新将继续引领着商业模式的革新与产业的升级，推动经济社会迈向更智能、高效、可持续的发展道路。

（三）网络效应显著

在数字经济时代，众多产品或服务呈现出一种独特的价值增长模式，即其价值随着用户数量的增加而显著提升，这一现象被称为网络效应。网络效应是数字经济中一个极为显著的特征，它使得数字经济产品或服务的价值与用户规模之间形成了一种正向反馈的良性循环。

以社交网络平台为例，网络效应的作用体现得尤为显著。在社交网络上，用户不仅是信息的接收者，更是信息的创造者和传播者。当平台上的用户数量增多时，每个用户能够接触到的信息、观点、人脉等资源也随之丰富起来，从而提升平台对用户的吸引力。这种吸引力的增强，又进一步吸引了更多新用户的加入，使得平台上的用户规模不断扩大。

随着用户规模的持续扩张，社交网络平台的价值也随之飙升。一方面，更多的用户意味着更多的互动和交流，这促进了信息的快速传播和共享，使得平台成为一个信息汇聚和传播的强大中心。另一方面，用户规模的扩大也为平台带来了更多的商业机会，如广告投放、电商推广等，进一步提升了平台的商业价值。

这种网络效应的形成，不仅仅局限于社交网络平台，在数字经济领域的许多其他产品或服务中也同样存在。例如，在线支付平台、共享经济平台等，都随着用户数量的增加而不断提升其价值和影响力。正是这种网络效应的存在，推动了数字经济领域的快速发展和创新，也使得数字经济成了当今世界经济中最具活力和潜力的领域之一。

（四）跨界融合性强

在数字经济的大潮中，一个显著的特征便是其强大的跨界融合性。这一特性打破了传统行业之间的固有界限，使得不同行业之间能够相互渗透、相互融合，共同构筑起一个全新的、多元化的产业生态。

数字经济与实体经济的深度融合，是跨界融合性的典型体现。随着数字技术的不断发展和应用，传统实体经济领域的企业和组织开始积极拥抱数字化转型，将数字技术与自身业务相结合，以提升运营效率、优化资源配置、拓展市场空间。这种融合不仅为实体经济带来了新的增长动力，也为数字经济提供了广阔的发展空间。

在跨界融合的过程中，新产业、新模式、新业态不断涌现。例如，数字经济与制造业的融合，催生了智能制造、工业互联网等新产业；与零售业的融合，推动了电子商务、新零售等新模式的兴起；与金融业的融合，则催生了数字金融、金融科技等新业态。这些新产业、新模式、新业态的涌现，不仅丰富了数字经济的内涵，也为经济社会的发展注入了新的活力。

跨界融合性的增强，还促进了创新资源的共享和协同。不同行业之间的融合，使得创新资源得以跨越行业界限进行流动和整合，从而提高了创新效率和效果。这种创新资源的共享和协同，为数字经济的持续创新和发展提供了有力支撑。

综上所述，数字经济的跨界融合性强这一特征，不仅打破了传统行业的界限，推动了新产业、新模式、新业态的涌现，还促进了创新资源的共享和协同。这一特性使得数字经济成了当今世界经济中最具活力和潜力的领域之一，也为经济社会的持续发展提供了无限可能。

（五）高度的灵活性和敏捷性

在数字经济时代，企业面临着前所未有的市场变化和挑战。然而，数字经济本身所具备的高度灵活性和敏捷性，为企业提供了快速调整业务模式、产品或服务以适应市场变化的强大能力。

数字经济的灵活性体现在企业能够迅速捕捉市场动态和消费者需求的变化。通过大数据、人工智能等数字技术，企业可以实时收集和分析市场数据，以此了解消费者的偏好和行为习惯，从而及时调整自身的业务策略和产品方向。这种灵活性使得企业能够紧跟市场步伐，抓住机遇，迅速响应市场变化。

同时，数字经济还赋予了企业高度的敏捷性。在数字经济环境下，企业可以迅速调整业务流程、组织架构和资源配置，以适应市场的快速变化。例如，企业可以利用云计算、平台化等技术，实现业务流程的数字化和自动化，从而提高运营效率；通过组织架构的扁平化和灵活化，增强企业的决策效率和执行力；通过资源的动态配置和优化，确保企业能够迅速应对市场变化，保持竞争优势。

综上所述，数字经济中的企业凭借高度的灵活性和敏捷性，能够快速调整业务模式、产品或服务，以适应不断变化的市场。这种能力使得企业在激烈的市场竞争中保持领先地位，也为数字经济的持续发展和创新提供了有力支撑。

三、数字经济的技术

（一）大数据技术

在数字经济时代，大数据技术作为支撑整个生态系统运转的关键基石，其重要性不言而喻。大数据技术涵盖了数据采集、存储、处理和分析等一系列关键环节，为数字经济的蓬勃发展提供了强大的技术支持。

首先，数据采集是大数据技术的基础。通过多样化的数据采集手段，如传感器设备、网络爬虫技术等，我们可以实时、高效地获取海量数据。传感器设备作为物联网的重要组成部分，能够实时感知并收集环境中的各种物理量数据，如温度、湿度、压力等，为数字经济的智能化应用提供了丰富的数据源。而网络爬虫技术则能够自动抓取互联网上的信息，包括文本、图片、视频等多种形式的数据，为数字经济的信息化发展提供了广阔的数据空间。

其次，数据存储是大数据技术的重要环节。面对海量数据的存储需求，分布式存储系统应运而生。这种存储系统通过将数据分散存储在多个节点上，实现了数据的高效存储和访问。同时，分布式存储系统还具备可用性和可扩展性等特点，能够确保数据的安全性和可靠性，为数字经济的长期发展提供了坚实的数据存储基础。

再次,数据处理是大数据技术的核心环节。在数据采集和存储的基础上,需要对数据进行清洗、转换和整合等处理操作,以便进行后续的数据分析工作。数据处理技术包括数据清洗、数据转换、数据集成等多个关键步骤,旨在提高数据的质量和一致性,从而为数据分析提供准确、可靠的数据基础。

最后,数据分析是大数据技术的价值所在。通过运用数据挖掘、机器学习等先进算法,我们可以对处理后的数据进行深入分析,挖掘出其中隐藏的有价值信息。这些信息不仅能够帮助企业了解市场动态、优化产品设计、提升运营效率,还能够为政府决策、社会治理等提供科学依据。因此,数据分析技术在数字经济中占据举足轻重的地位,是推动数字经济创新发展的关键力量。

(二)人工智能技术

人工智能技术作为数字经济时代的前沿科技,正以前所未有的速度改变着我们的生活和工作方式。它涵盖了机器学习、深度学习、自然语言处理等多个子领域,为数字经济的创新发展提供了强大的智能驱动力。

机器学习是人工智能技术的核心基础。它是一种让计算机系统从数据中自动学习规律的方法。通过训练大量数据,使系统能够逐渐掌握数据的内在规律和特征,从而实现对新数据进行预测和分类。这种技术使得计算机系统不再仅仅依赖于人为设定的规则和算法,而是能够具备一定的自我学习和适应能力,为数字经济的智能化应用提供了无限可能。

深度学习作为机器学习的一个重要分支,在图像识别、语音识别等领域有着广泛应用。通过构建深层神经网络模型,深度学习能够自动提取数据的高层次特征,从而实现对复杂数据的准确识别和分类。例如,在安防系统中,人脸识别技术就是深度学习的一个典型应用。通过训练海量人脸数据,系统能够精准识别出面部特征,实现快速、准确的身份验证,显著提升了安防系统的效率和准确性。

此外，自然语言处理也是人工智能技术的重要组成部分。其目标是实现计算机与人类自然语言之间的交互和理解，使机器具备处理复杂问题的能力。自然语言处理技术可以应用于机器翻译、智能客服等多个领域。在机器翻译方面，通过自然语言处理技术，计算机能够自动将一种语言翻译成另一种语言，为跨国交流提供了便利。在智能客服方面，自然语言处理技术使得机器能够理解用户的提问，并给出准确的回答或建议，显著提升了客户服务的质量和效率。

（三）云计算技术

随着数字经济的蓬勃发展，企业对 IT 资源的需求日益增长，而云计算技术作为一种创新的 IT 资源交付模式应运而生，并逐渐成为数字经济时代下的核心支撑技术。云计算技术通过提供计算资源（包括服务器、存储、网络等）的按需分配和使用，为企业带来了前所未有的灵活性和效率。

在云计算模式下，企业不再需要自行采购和维护大量的硬件设备，而是可以通过云计算平台快速获取所需的 IT 资源。这种按需分配的方式，极大地降低了企业的硬件采购和维护成本，使得企业能够更加专注于自身的核心业务，从而提高市场竞争力。

云计算平台具备高度可扩展性和弹性，可根据企业的实际需求动态调整资源分配。当企业业务量增加时，云计算平台可以迅速提供额外的计算资源，确保业务的顺畅运行；当业务量减少时，则可以相应减少资源分配，避免资源浪费。这种灵活的资源配置方式，不仅提高了资源利用率，还降低了企业的运营成本。

此外，云计算技术还为企业提供了丰富的服务和应用。企业可以通过云计算平台获取各种软件服务、数据存储服务、数据分析服务等，满足自身多样化的需求。这些服务和应用通常具备高度可用性和可靠性，能够确保企业业务的连续性和稳定性。

（四）区块链技术

区块链技术作为一种新兴的分布式账本技术，以其不可篡改、去中心化等独特特性，在数字经济领域展现出巨大的应用潜力。它不仅能够重塑传统行业的运作模式，还为新兴领域的创新发展提供了强有力的技术支撑。

1.区块链技术的基本原理与特性

区块链技术通过加密算法将数据块以链式结构存储，确保数据的不可篡改性和去中心化特性。每个数据块包含了一定的信息，如交易记录、时间戳等，并通过哈希算法与前一个数据块相连，形成一条连续的且不可篡改的链条。这种技术特性使得区块链在金融、供应链、医疗等多个领域具有极高的应用价值。

2.区块链技术在金融领域的应用

在金融领域，区块链技术以其安全、透明、高效的特性，成为推动金融行业数字化转型的重要力量。

跨境支付：传统跨境支付通常涉及多个中介机构，流程复杂且耗时较长。而区块链技术通过创建去中心化的支付网络，实现了快速、安全的跨境支付。例如，基于区块链技术的数字货币提供了即时的支付服务，且手续费相对较低，从而极大地提高了跨境支付的效率。

数字货币：比特币等数字货币是区块链技术最广泛且最成功的应用之一。数字货币的出现颠覆了人类对传统货币的概念，凭借安全、便利、低交易成本的独特性，正在改变人类使用货币的方式。随着技术的进步和应用的不断拓展，数字货币有望成为未来货币体系的重要组成部分。

金融结算和资产交易：区块链技术简化了资产交易流程，通过智能合约实现自动撮合与清算，显著提高了交易效率。例如，在国际区块链联盟R3CEV联合以太坊、微软共同研发的数字票据交易系统中，运用区块链技术使票据交易更加安全、智能、便捷。

3.区块链技术在供应链领域的应用

在供应链领域，区块链技术以其可追溯性、透明度和安全性等特性，成为提升供应链效率和信任度的重要手段。

产品溯源：区块链技术可以记录产品从原材料采购、生产制造、物流运输到最终销售的每一个环节，形成一个不可篡改的产品溯源链。这不仅可以有效打击假冒伪劣产品，还能提高消费者对品牌的信任度。例如，在食品供应链中，区块链技术可以记录每一批食材的产地、加工日期、运输条件等信息，一旦发生食品安全事件，可以快速定位问题源头。

供应链融资：传统供应链金融中，由于信息存在不对称和信任问题，中小企业往往难以获得融资。而区块链技术通过记录和追踪供应链上各环节的交易数据，为金融机构提供了可靠的信用评估依据。同时，智能合约的引入使得融资流程更加自动化和透明化，降低了融资成本和风险。

4.区块链技术的未来发展

随着信息技术的飞速进步与革新，区块链技术作为一种新兴且具有颠覆性的技术范式，其在数字经济领域的应用前景呈现愈发广阔的趋势。区块链技术，以其独特的去中心化、数据不可篡改性和透明性等特点，逐步成为推动各行各业数字化转型与创新发展的关键力量。

在未来的发展中，区块链技术将进一步深化其在金融领域的应用。传统金融体系长期面临着交易成本高、信任度低，以及数据处理效率低下等问题。而区块链技术的引入，有望通过构建去中心化的金融交易网络，实现资金的快速、安全流转，同时降低交易成本，提高金融服务的可及性。此外，区块链技术在智能合约、数字资产管理，以及跨境支付等方面的应用，也为金融行业的创新发展注入新的活力。

在供应链领域，区块链技术展现出巨大的应用潜力。传统供应链体系中的信息不对称、追溯难度大以及信任缺失等问题，严重制约了供应链的高效运作。而区块链技术的去中心化和数据不可篡改性，使得供应链各环节的信息得以真实、准确地记录，从而显著提升供应链透明度。这不仅有助于增强消费者对产品的信任度，还能有效打击假冒伪劣产品，维护市场秩序。

医疗领域也是区块链技术未来发展的重要方向之一。医疗数据的隐私保护和安全性一直是医疗行业关注的焦点。区块链技术通过加密算法和分布式存储,为医疗数据提供了强有力的安全保障。未来,随着区块链技术在医疗领域的广泛应用,患者的个人信息将实现更加安全、高效的存储和传输,从而推动医疗服务的智能化和个性化发展。

与此同时,随着监管政策的逐步完善和技术的不断成熟,区块链技术有望成为数字经济时代的信任基石与效率提升器。政府和相关监管机构将加强对区块链技术的监管和引导,确保其健康、有序发展。同时,技术的不断进步也将为区块链技术的应用提供更加强有力的支持,如共识算法的优化、跨链技术的突破以及智能合约的升级等,都将进一步拓展区块链技术的应用边界和提升其应用价值。

(五) 物联网技术

物联网技术,是指通过传感器、射频识别(RFID)、红外感应器、全球定位系统、激光扫描器等信息传感设备,以及网络连接等手段,将物理设备接入互联网,实现设备之间的互联互通和智能化管理。这一技术不仅极大地扩展了互联网的应用范围,也为数字经济的发展注入了新的活力。

1. 物联网技术的基本原理与特性

物联网技术以互联网为基础,通过信息传感设备将现实世界中的物理设备连接起来,形成一个庞大的网络。在这个网络中,每一个设备均具备唯一标识,并能够与其他设备进行信息交互和通信。物联网技术具有感知、识别、定位、追踪、监控和管理等多种功能,能够实现对物理世界的智能化管理和控制。

2. 物联网技术的应用场景

物联网技术已广泛应用于各个领域,为人们的生活和工作带来了极大的便利。以智能家居系统为例,具体阐述物联网技术的应用场景。

智能家居系统:智能家居系统通过物联网技术,将家中的各种电器设备,如智能灯光、智能空调、智能门锁等连接起来,形成一个智能化的家居网络。用户可以通过手机等智能终端设备，随时随地远程控制家电设备，从而实现智能化、便捷化的家居生活。例如，用户可以在回家的路上，通过手机 App 提前开启家中的空调，并调整室内温度；或者在外出时，通过手机远程关闭家中的电器设备，确保家庭安全。

3.物联网技术的优势

提高生活便利性：物联网技术使得人们可以随时随地控制和管理家中的各种电器设备，提高了生活的便利性和舒适度。

实现设备之间的互联互通：物联网技术打破了设备之间的孤立状态，实现了设备之间的互联互通和智能化管理，为数字经济的发展提供了有力支持。

推动产业升级：物联网技术不仅应用于家居领域，还广泛应用于工业、农业、交通、医疗等多个领域，推动了这些行业的数字化转型和产业升级。

4.物联网技术的未来发展

随着技术的不断进步和应用场景的不断拓展，物联网技术在数字经济中占据重要地位。未来，物联网技术将更深入地融入人们的生活和工作之中，为人们提供更便捷、智能、高效的服务。同时，随着 5G、人工智能、云计算等先进技术的融合应用，物联网技术将实现更高效、可靠的数据传输和处理能力，为数字经济的发展注入新的动力。

在我国经济的全面腾飞进程中，数字经济已然成为现代化经济体系中不可或缺的关键构成部分，其重要性不言而喻，为乡村振兴战略的实施注入了强劲的新动力与广阔的新机遇。在推进乡村振兴的新发展阶段，应充分发挥数字化对乡村产业振兴的推动作用，致力于优化乡村经济结构，并深化数字经济与乡村发展的融合效能。在此过程中，还需紧密结合各地的实际情况，精准把脉，明确发力点，以全方位、多层次的策略推进乡村振兴事业的深入发展。实践成果充分显示，数字化技术堪称乡村全面振兴的得力助手。其不仅能够有效助力缩小城乡之间的发展差距，更在推动我国整体数字化转型的进程中发挥着举足轻重的作用。2020 年 11 月 20 日，习近平总书记在亚太经合组织第二十七次领导人非正式会议上发表重要讲话，指出"数字经济是全球未来的发展方向"①。这一论断深刻揭示了数字经济在全球发展格局中的核心地位。由此观之，乡村振兴的宏伟蓝图绝离不开数字经济的坚实支撑，数字经济无疑是通往乡村振兴康庄大道的必由之路。

四、数字经济赋能乡村文旅产业振兴的理论机理

（一）组合数据要素，完善传统生产要素

在当今全球数字经济蓬勃发展的宏大背景下，数据作为一种新兴生产要素，正以其独有的特性和优势，对传统经济体系产生着深远影响。与传统资本、土地及劳动力等生产要素相比，数据要素展现出了一系列截然不同的特性，这些特性不仅丰富了生产要素的内涵，更为乡村文旅产业的振兴提供了全新的动力源泉。

数据要素以其能量集中性、易于复制、非消耗性，以及低干扰性等显著优势，为资源的优化配置提供了新路径。数据要素的这些特性，使其在处理、传输和应用过程中，能够以前所未有的效率和灵活性，实现对各类资源的精准定位和高效配置。这种优势使得数据要素能够有效融入并优化传统的生产要素体系，通过与资本、土地、劳动力等要素的融合、重组及迭代，完成乡村产业生产要素组合的全面革新。这一过程中，数据要素不仅提升了传统要素的使用效率，还催生了新的生产方式和商业模式，进而重塑了乡村产业的生产函数，为乡村产业的发展注入了新的活力。

数据要素所展现出的显著报酬递增效应，为乡村要素市场的系统性跃升提供了有力支撑。在数字经济时代，数据要素的价值随着其应用范围的扩大和深度的增加而不断凸显，这种报酬递增效应使得乡村要素市场在实现资源要素价值转化方面具备了更大的潜力。通过充分利用数据要素的这一特性，乡村地区可以更高效地整合和利用各类资源，提高数据要素的价

---

① 习近平.携手构建亚太命运共同体：在亚太经合组织第二十七次领导人非正式会议上的发言[N].人民日报，2020-11-21（2）.

值转化效率。这不仅能够促进乡村资源的优化配置，还能够推动乡村产业结构的升级和转型，为乡村文旅产业的振兴奠定坚实的基础。由此可见，数据要素在乡村文旅产业振兴中扮演着至关重要的角色，其与传统生产要素的融合创新，将为乡村文旅产业的发展带来新的机遇和挑战。

（二）依托数字科技，促进产业结构升级

数字技术通过双重路径实现乡村产业体系的现代化重构：其一是传统产业数字化改造，其二是新兴数字产业培育。在传统产业数字化转型维度，数字技术以互联网为基础设施载体，综合运用物联网感知网络、大数据分析平台及人工智能算法模型，对农业生产、加工、流通全链条进行要素重构与流程再造。这种技术赋能机制实质上构成了新型生产要素对传统要素的替代与升级过程，通过数据要素的流动性、可复制性特征，逐步消解土地、劳动力等要素的边际收益递减效应，推动乡村产业价值链向高附加值环节延伸。值得关注的是，数字技术的网络化特性显著增强了三次产业间的耦合强度，农业种植环节通过物联网设备实现环境参数实时监测，农村工业借助工业互联网平台优化生产调度，文旅产业运用数字孪生技术重构消费场景，各类产业数据经由云计算中心汇聚形成价值网络，催生出智慧农场、数字工坊、虚拟文旅等新型业态模式。这种横向跨界融合与纵向链条延伸的双重作用，促使乡村产业体系突破原有边界，形成以数字技术为黏合剂的新兴产业生态集群，为区域经济高质量发展注入结构性动能。

在数字产业化发展维度，乡村地区正经历着技术渗透引发的产业范式变革。作为底层支撑技术的大数据与5G通信网络，通过构建"端－管－云"协同架构，实现乡村产业数据的全生命周期管理。这种技术渗透不仅体现在对传统产业的改造升级，更催生出数据标注、算法训练、区块链应用等专业化数字服务领域。随着乡村数字基础设施的完善，区域性数据中心、边缘计算节点、物联网感知终端等新型载体加速布局，形成"采集－传输－存储－分析－应用"的完整数字产业链条。该链条的成熟运作具有双重效应：纵向层面推动农业精准化管理、工业智能化生产、服务业个性

化定制的深度融合；横向层面则带动硬件设备制造、软件开发、系统集成等关联产业发展。这种立体化产业升级路径，既实现了传统产业存量的数字化改造，又创造了数字产业增量的规模化拓展，最终构建起多要素联动、多业态共生、多价值实现的现代乡村产业体系，为乡村振兴战略提供持续性的内生增长动力。

（三）通过数字基础设施，增强乡村产业动能

数字经济通过构建新型基础设施体系，为乡村产业振兴提供系统性支撑。数字基础设施作为技术载体与要素通道，其迭代升级过程实质是乡村产业要素配置机制的革新过程。这种革新通过多重效应的叠加释放，形成驱动乡村产业转型的复合动能。从要素集聚维度看，以工业互联网、5G基站、大数据中心为核心的数字基础设施网络，通过构建"云-网-端"一体化架构，实现了数据要素与传统生产要素的深度耦合。物联网终端设备在农业生产场景中的规模化部署，区块链技术在农产品溯源体系中的创新应用，均显著提升了要素配置的精准性与时效性。这种技术赋能机制催生出要素集聚的"虹吸效应"，使乡村产业获得更强的资源整合能力。

从投资转化维度分析，数字基础设施建设的乘数效应呈现非线性特征。作为新基建的核心组成部分，乡村数字基础设施投资不仅直接拉动通信设备制造、系统集成服务等关联产业发展，更通过产业数字化改造间接创造衍生需求。例如，5G基站建设带动农村光纤网络升级，进而催生农业物联网解决方案的市场需求，形成"建设-应用-优化"的良性循环。这种投资传导机制符合内生增长理论中关于技术进步驱动全要素生产率提升的逻辑框架。

在技术扩散层面，数字基础设施构成乡村产业创新的技术底座。其开放性与兼容性特征，为新兴技术的垂直渗透提供通道。人工智能算法通过边缘计算节点在乡村产业场景中的部署，使小农户得以接入智能决策系统；工业互联网平台与农机装备的融合，推动农业机械向自动化、智能化演进。这种技术溢出效应不仅体现为生产工具的革新，更深层次上改变了乡村产

业的知识创造模式。数字基础设施作为技术载体，通过促进隐性经验知识的显性化编码，加速了农业技术、管理经验的代际传递与空间扩散。

从空间重构视角审视，数字基础设施正在消解城乡二元结构的时空壁垒。基于低轨卫星互联网的广域覆盖，偏远乡村得以接入全球数字网络；智慧物流骨干网与县域冷链体系的衔接，重构了农产品上行通道的时空关系。这种基础设施的革命性变革，使乡村产业突破地理空间约束，获得与城市产业同台竞争的契机。数字平台经济模式下，乡村特色产业通过虚拟集群实现跨区域资源整合，形成"物理分散＋逻辑集中"的新型产业组织形态，为乡村产业价值链攀升开辟新路径。

（四）催化产业联动协同，构建多元数字生态系统

数字平台作为新时代下的创新型组织模式，其核心理念深深植根于用户体验之上。通过连接、共享及共同构建数字技术生态，数字平台实现了信息的深度聚合、数据的无障碍共享与资源的高效配置，为乡村产业的联动协同提供了强大的支撑。这一特性不仅增强了各方之间的协调与互动功能，还显著促进了内容的不断创新、传播渠道的扩展，以及各种媒介终端的深度融合。在这一过程中，一个涵盖农民、农业物资企业、各种社会机构、科技服务专家与基层管理力量的多元数字生态系统逐渐形成。该系统凭借其开放、包容、协同的特点，为乡村产业的振兴注入了新的活力。

在这个多元数字生态系统中，各参与方可以实时互动、紧密合作，共同为乡村产业的发展贡献力量。数字平台作为系统的核心枢纽，不仅发挥着桥梁和纽带的作用，还确保数字服务能够与农民的日常生活、农业生产的无缝对接。这种深度对接既拓展了乡村产业振兴的服务深度，又显著提升了服务的精准度和效率。

其中，"数字乡村一张图"作为数字平台的重要信息载体，发挥着至关重要的作用。它依托先进的数据处理技术和融合算法，科学地进行数据筛选处理与融合，将复杂的数据信息转化为易于理解的服务内容。这些服务内容涵盖了党务管理、政务服务、村务治理、农业技术指导、电子商务交

易以及日常生活服务等多个方面，全方位满足了乡村居民的需求。

"数字乡村一张图"的出现从根本上改变了传统服务模式，推动了连接机制、组织结构、任务分配与治理模式的全面创新。这一数字化平台显著提高了协作效率，确保了农村生活与互联网环境之间的无缝连接，有效消除了信息鸿沟。在这个多元数字生态系统的助力下，乡村产业将迎来更加广阔的发展空间和更加美好的未来。

第二节　文旅融合的概念与模式

一、文旅融合的概念

在全球化与经济一体化加速发展的背景下，文化旅游作为一种新兴业态，正逐渐崭露头角，并成为推动旅游业持续发展的新动力。与此同时，文旅融合作为文化旅游发展的高级阶段和核心路径，已成为当前旅游业研究的热点议题和发展趋势。

文旅融合，是指文化和旅游两大产业进行深度整合与有机融合，通过创新性的方式和方法，形成具有独特魅力和高附加值的新型旅游产品与服务，从而推动旅游业的转型升级和高质量发展。这一概念的形成与发展，主要源于"文化＋旅游"的跨界融合思路，以及"文旅一体化"的系统发展理念。

具体而言，"文化＋旅游"这一融合模式，其核心在于强调文化和旅游在保持各自独立性与特色的基础上，通过相互渗透、相互交融，实现资源、优势与功能的互补，从而促进二者的协同发展。这种融合方式并非简单地将文化元素堆砌于旅游产品之中，而是需要深入挖掘文化的内涵与价值，将其精髓巧妙地融入旅游产品的设计与开发过程中。这一过程不仅极大地丰富了旅游产品的文化内涵，提升了其品质与吸引力，还为游客提供了更多元化、更具个性化的旅游体验，满足了现代游客对于文化旅游的深度需求。而"文旅一体化"则是在"文化+旅游"的基础上,进一步强调了文化和旅游在发展空间上的共融共生、在产业链条上的相互衔接、在市场机制上的协同运作。"文旅一体化"旨在通过深度的融合与一体化发展,打破文化和旅游之间的壁垒,构建一种全新的文旅产业生态体系。这一体系将文化旅游视为一个整体,通过优化资源配置、创新发展模式、完善市场机制等手段,推动文旅产业的协同发展与创新升级。

从实践层面来看,文旅融合是在传统旅游业的基础上,对丰富多样的文化元素进行深度挖掘与巧妙融合的过程。这一过程既包括对物质文化遗产(如古建筑、遗址、艺术品等)的保护与利用,也涵盖对非物质文化遗产(如民俗、传统技艺、表演艺术等)的传承与展示;同时,还涉及对现代文化创意、文化艺术活动等新兴文化元素的挖掘与整合,将其融入旅游产品的设计与体验过程中。通过这些文化元素的融入,不仅增强了旅游产品的文化特色和辨识度,使其在众多旅游产品中脱颖而出,还提升了旅游产品的附加值和市场竞争力,为旅游业的持续发展注入了新的活力。

此外,文旅融合也是文化产业向旅游产业拓展和延伸的重要途径。一方面,文化产业通过旅游市场的广阔舞台,找到了实现自身价值与广泛传播的有效途径。旅游市场作为一个人流密集、信息流通快速的平台,为文化产品的展示、交流和销售提供了得天独厚的渠道。无论是传统的艺术品、手工艺品,还是现代的文化创意产品,都可以通过旅游市场的渠道接触更广泛的受众,从而实现文化的广泛传播与有效消费。这种传播与消费不仅为文化产业带来了直接的经济效益,更在无形中拓宽了文化产业的发展空间,为文化产业的繁荣发展注入了新的活力,提供了更多的可能性。

另一方面,旅游产业借助文化产业的创意与智慧,实现了自身的转型升级与品质提升。文化产业作为创意与智慧的源泉,为旅游产品的设计与开发提供了丰富的灵感与素材。通过融入文化元素,旅游产品的文化内涵和品位得以提升,更符合现代游客对审美和精神追求的需求。这种融合不仅提升了旅游产品的吸引力和影响力,还使得旅游业在激烈的市场竞争中脱颖而出,实现高质量发展。因此,文旅融合不仅是旅游业转型升级的必然选择,也是文化产业创新发展的内在要求。它促进了文化产业与旅游产业的深度融合与协同发展，为二者带来了双赢的局面。通过文旅融合，我们可以打造出更多具有独特魅力和高附加值的文旅产品，满足游客的多元化需求，推动文旅产业的持续健康发展。同时，文旅融合也为文化产业的传承与创新提供了更广阔的空间和更多的机遇，使得文化产业在与时俱进中焕发出新的生机与活力。

二、文化和旅游融合的关系

（一）文化是旅游产业内涵的丰富之源

在社会经济持续繁荣发展的宏观背景下，人们的物质生活得到了前所未有的满足与丰富，随之而来的，是对更高层次精神需求的迫切追求。这一需求转变不仅深刻影响了人们的生活方式，更在潜移默化中改变了旅游产业的发展轨迹及旅游市场的消费理念。我国作为地域辽阔、民族众多、文化多元的国家，复杂多样的自然环境孕育了无数别具特色的自然景观，而地域文化的多样性则赋予了这些地方独特的人文风貌。这些自然景观与人文风貌的交织，共同构成了旅游开发的宝贵资源。

在当今的旅游市场中，游客的旅游目的并非仅仅是观赏不同的风景那么简单。他们更渴望在旅途中体验不同的文化，感受异域的人文风情，追寻历史留下的深深烙印。这种对文化体验的强烈需求，使文化成为旅游产业中不可或缺的一部分。各地独特的文化不仅扩充了旅游的内容，拓展了旅游的边界，更在一定程度上重塑了旅游的目的和意义。

文化作为旅游资源开发与行业创新发展的重要驱动力，其深刻内涵和独特魅力是吸引游客的关键因素。因此，应该深入挖掘我国传统文化的精髓，通过创新性的旅游开发模式，将这些文化资源转化为具有吸引力的旅游产品。以四川绵竹为例，这里有着独具特色的"年画"文化。当地政府充分认识到这一文化资源的旅游价值，不仅积极开发年画元素的旅游产品，还创建了"年画村"等体验式旅游项目。在这些项目中，游客既可以了解到我国传统年画的艺术之美，还能亲自体验绘制年画的乐趣。这种将文化和旅游深度融合的创新举措，不仅丰富了旅游产品的内涵，提升了旅游的品质，更成功吸引了大量游客的到来，为当地旅游产业的发展注入了新的活力。

（二）旅游促进文化的传承与发展

中华传统文化博大精深，其精神内涵深深植根于我国劳动人民的生活实践之中，不仅体现在丰富多彩的艺术作品上，还渗透在饮食文化、民俗文化、宗教文化等各个方面。这些独特的文化元素作为旅游开发的重要资源，通过旅游活动的开展，能够极大地拓展我国传统文化宣传的范围，促进优秀传统文化的传播与延续。

文化作为国家和民族的灵魂，既是支撑国家与民族发展的精神支柱，也是衡量一个国家软实力的重要指标。在当今社会，我们每个人都有责任承担起弘扬和继承文化的使命。旅游业作为广受欢迎的社会活动，为文化的传播与交流提供了得天独厚的平台。依托旅游事业，实现文旅融合，不仅可以让国内外游客深入了解我国丰富的地域文化，还能激发大众对文化的继承与保护意识，进而反作用于文化产业的发展，推动其繁荣兴盛。

在乡村振兴战略的发展背景下，乡村的文化旅游资源得到了前所未有的重视和开发。乡村独特的自然风光、民俗风情和文化遗产，为文化产业以及旅游行业的发展奠定了坚实的基础。同时，乡村振兴战略的实施也为文旅融合发展提供了强大的动力，掀起了一股文化旅游的热潮。在旅游的过程中，人们不仅能够欣赏美丽的风景，还能体验不同的文化，实现与不同人和事物的交流。

因此，旅游成为当代文化交流的重要载体。它为文化的发展与交流提供了广阔的平台和宝贵的机会，使不同文化之间的碰撞与融合成为可能。通过旅游，我们可以弘扬我国传统文化，展示其独特魅力，增强国内外游客对中华文化的认同感和归属感。同时，旅游还能激发人们对文化的传承和保护意识，推动文化的传承与发展，为文化产业的繁荣注入新的活力。

三、文旅融合在乡村振兴中的现实意义

（一）文旅融合是乡村产业振兴的强力"助推器"

在乡村振兴的宏伟蓝图中，产业振兴占据了举足轻重的地位，它不仅是乡村经济活力的源泉，更是决定乡村发展可持续性的关键因素。产业的融通与共享机制，为乡村的多元化发展开辟了新路径，为乡村的繁荣奠定了坚实基础。在此背景下，文旅融合作为一种新兴的发展模式，逐渐成为推动乡村产业振兴的主流趋势。

文化作为旅游的灵魂所在，赋予了旅游深厚的内涵与独特的魅力；而旅游，则作为文化的生动载体，将文化的精髓广泛传播。因此，发展文化产业不仅能够丰富乡村旅游的文化底蕴，提升其内在价值，还能够通过打造具有特色的旅游产业，进一步增强乡村文化的品牌影响力，使乡村成为文化旅游的热门目的地。

文旅融合发展无疑是乡村振兴中产业振兴的一大新亮点。相较于传统的产业类型，文旅融合产业作为朝阳产业，兼具文化的深厚底蕴与旅游的多元业态，展现出巨大潜力。一方面，从经济效应的角度来看，文旅融合在促进乡村振兴中发挥着重要的作用。它不仅提升了旅游者在乡村旅游过程中的审美体验，使游客在领略乡村美景的同时，能够深入品味富有文化内涵的乡村旅游产品，从而满足其精神文化需求；而且，文旅融合还激发了乡村持续发展的内在动力，推动了乡村经济的跨越式增长，为乡村繁荣注入了新的活力。

另一方面，文旅融合还实现了产业振兴的波及效应，其影响力远远超出了农业产业和农村农民单一群体的范畴。当前，乡村旅游的发展已经转向多产业融合与多功能拓展的视角，文旅融合正是这一转变的集中体现。通过文旅融合，乡村的产业发展逐渐从传统的单一模式向品牌塑造过渡，这不仅有助于提升乡村产业的附加值和竞争力，还能够促进乡村文化的传

承与复兴,使乡村文化在现代化进程中焕发出新的光彩。因此,在产业振兴的模式中,文旅产业应实现协同发展,形成良性互动,共同推动乡村旅游的发展与变革,为乡村振兴贡献更大的力量。

(二)文旅融合是提振乡村振兴的精神动能

党的十九大报告首次明确提出乡村振兴战略,为新时代乡村发展指明了方向,提出了"产业兴旺、生态宜居、乡风文明、治理有效、生活富裕"的总要求。其中,乡风文明作为乡村振兴的重要组成部分,强调的是传统文化在乡村发展中的传承与弘扬。这要求我们在乡村振兴的过程中,既要取其精华、去其糟粕,保留乡村优秀的文化形态,又要守护乡村优质的文化基因,延续乡村生生不息的文化根脉,从而建设具有深厚文化记忆和独特魅力的美丽乡村。

在全面推进乡村振兴的伟大实践中,文旅融合已成为提振乡村精神动能的重要途径。通过将传统文化元素与旅游资源相结合,我们可以贯彻更多的精神理念,将农业增效、农民增收、农村发展有机统一起来,为乡村振兴注入强大的精神动力。乡村优秀文化中的农耕文化、饮食文化等,是农民在长期生产生活实践中创造出来的宝贵文化资源。它们与农民的生活密切相关,蕴含着丰富的历史信息和深厚的文化底蕴。

通过旅游开发的形式,我们可以将这些重要的文化元素展现出来,让游客在欣赏乡村美景的同时,也能深度感受乡村文化的独特魅力。这不仅能够提升乡村旅游的文化特色,增强其对游客的吸引力,还能够促进乡村文化的传承与发展。因此,相关人员需要不断增强保护和传承乡村传统文化的意识,深入挖掘乡村传统文化的内涵和价值,为发展乡村文旅产业提供强大的精神支撑和文化底蕴。

同时,我们还应该注重开发出具有特色文化的乡村旅游品牌,让乡村旅游成为展示乡村文化的重要窗口。通过打造具有地方特色的乡村旅游产品,我们可以让游客在旅途中真切地感受到乡愁,体会到乡村文化的独特韵味。这不仅能够满足游客对文化旅游的需求,还能够推动乡村文旅产业的持续发展,为乡村振兴贡献更多的力量。

（三）文旅融合是彰显乡村文化魅力的新名片

发展乡村旅游，已成为实施乡村振兴战略的重要驱动力。在当今时代，人们已不再满足于单纯的审美和消遣性游览，他们更渴望在旅行中获得心灵的触动和精神的升华。因此，将文化融入旅游，形成文化和旅游相融合的发展模式，已成为满足游客多元化需求、增强游客体验感、推动乡村经济发展的必然选择。

从乡村发展的宏观视角来看，文旅融合无疑是新时代乡村振兴的一张亮丽新名片。它不仅为乡村旅游的发展提供了全新的资源，更为乡村文化的塑造和传承注入了新的活力。文化振兴是乡村振兴的灵魂所在，它关乎乡村的精神风貌和文化底蕴。而文旅融合，正是实现文化振兴的有效途径。

2022年，文化和旅游部、教育部、自然资源部等六部门联合印发的《关于推动文化产业赋能乡村振兴的意见》明确指出，要"坚持以文塑旅，以旅彰文，推动创意设计、演出、节庆会展等业态与乡村旅游深度融合，促进文化消费与旅游消费有机结合，培育文旅融合新业态新模式"。这一政策的出台，为乡村文旅融合的发展提供了有力的政策支持和方向指引。

在文旅融合的过程中，我们应立足乡村的资源禀赋，紧紧抓住自身的优势特色，以产业为核心、文化为灵魂、旅游为主线，精心打造乡村文旅融合发展的新名片。通过深入挖掘乡村的文化内涵，彰显乡村的独特魅力，使游客在旅游休闲的过程中，既能够感受乡村文化的博大精深，又能体验乡村生活的宁静与美好。

同时，我们还应积极推动文旅融合的创新发展，探索新业态、新模式，为乡村旅游的发展注入新的动力。通过文旅融合，我们不仅可以为乡村振兴书写出美丽的篇章，更可以让更多的人享受到旅游休闲的乐趣，体验到旅游休闲生活的美好，共享文化和旅游高质量发展的丰硕成果。

四、文旅融合的创新发展模式

（一）民俗文化和旅游产业的深度融合

民俗文化作为大众文化最为原始且纯粹的表现形态，蕴含着深厚的本土特色与广泛的民众认可度，其稳定性强，且深受基层群众的喜爱。民俗文化并非一成不变，而是随着社会历史阶段的演进及文化传承的内在需求，不断进行自我调适与创新优化，这一过程不仅增强了民俗文化的生命力，也显著提升了其社会影响力及文化辐射力。

鉴于此，将民俗文化与旅游经济发展有机融合，成为推动文旅产业创新发展的重要途径。这一融合策略旨在唤醒乡村地区独有的民俗风情，为长期生活在城市喧嚣中的旅游者营造出一个充满乡土韵味与文化底蕴的旅游空间与文化氛围。在此过程中，旅游者不仅能亲身体验到乡土文化的独特魅力，还能在民俗的探寻中领略到新颖的思想观念与人文风情，从而实现心灵与文化的双重洗礼。

从更为微观的层面剖析，民俗文化是一个涵盖广泛、内容丰富的文化体系，它涵盖了不同乡村在漫长发展历程中逐渐形成的田园聚落景观、特色服饰文化、地道饮食文化、传统节气文化、热闹节庆文化、礼仪习俗文化，以及深厚的历史文化遗产等。针对这些宝贵的民俗文化资源，通过科学的优化整合与深入的分析研究，可以创造出既满足人们文化求知欲望，又契合旅游求异心理的新型旅游产品，不仅实现了民俗文化与旅游经济的深度融合与双赢发展，更在创新与传承中赋予了民俗文化新的生命力，同时也为我国旅游经济的多元化发展提供了蕴含深厚文化底蕴的丰富素材与灵感来源。

（二）休闲文化和旅游产业的深度融合

在当今社会，旅游已逐渐成为人们追求身心解放、缓解生活压力的重要方式。因此，旅游业的发展不再仅仅局限于消费导向，而是更注重享受与创新的融合。这一转变促使大量观光型、体验型的旅游产品涌现，并成为当前旅游群体的首选。特别是依托乡村独有的绿色田园风情，通过精心策划与构建，可以形成一系列独具特色的观光项目。同时，借助农村丰富的自然资源，如山川、河流等，可以开发出登山、漂流等富有挑战性与趣味性的乡村旅游产品。这种精准的市场定位方式，不仅全面提升了乡村旅游的休闲价值，还有效挖掘了农村资源体系的经济效益，为乡村旅游的可持续发展注入了新的活力。

休闲文化和旅游的融合，更是催生了多种新型业态，成为旅游行业的新宠，可以划分为以下几种类型：

1.亲子农场

随着人们生活水平的提高和休闲观念的转变，亲子旅游逐渐成为家庭出游的重要选择。依托部分农村的大型农牧场，结合新时期人们外出休闲旅游的实际需求，可以打造独具特色的亲子互动体验模式。这一模式不仅充分利用了农村本土资源和项目，还为亲子家庭提供了一个亲近自然、体验农耕文化的绝佳场所。

以台湾的休闲农场为例，这些农场在售卖农副产品的同时，更注重为亲子互动提供良好环境。农场内设有喂养区、挤奶区、牧场加工区，以及手工体验馆等一系列不同的互动体验项目。在喂养区，孩子们可以给动物们喂食，与动物亲密接触；在挤奶区，孩子们可以体验挤奶的过程，了解牛奶的来源和制作过程；在牧场加工区，孩子们可以观察农产品如何被加工成各种美味的食物；在手工体验馆，孩子们则可以动手制作各种手工艺品，培养自己的动手能力和创造力。

这种亲子互动体系的建立，不仅为乡村带来了新的经济增长点，还构建了新型的产业结构链。农场通过提供多元化的互动体验项目，吸引了大量亲子家庭的到来，从而带动了农副产品的销售，并促进了相关产业的发展。同时，农场还利用卡通形象、广宣体系等营销手段，将农村原有的宣传文化进行具象化转型，使农场更加具有吸引力和知名度。

2.银发养生经济

随着我国人口老龄化的不断加剧，老年旅游市场正逐渐成为旅游产业发展的新蓝海。该群体对旅游产品的休闲性、健康性、享受性、舒适性和安全性有着更高要求，这为农村旅游开发提供了新的契机。因此，我们可以依托农村原生态的发展环境，充分挖掘农村资源，打造符合老年群体需求的旅游服务新体系。

首先，建立养老旅游服务标准是提高老年旅游服务质量的关键。针对老年人的特殊需求，我们可以制定老人客房服务标准和餐饮服务标准，确保老年人在旅游过程中能够享受到贴心、周到的服务。在客房服务方面，应注重房间的安静、整洁和舒适性，并提供适合老年人使用的生活用品和娱乐设施；在餐饮服务方面，应提供清淡、营养、易消化的菜品，满足老年人的饮食需求。

其次，以农产品为依托，打造绿色、多元化和立体化的保健体系，是满足老年旅游人群健康需求的重要途径。农村地区拥有丰富的农产品资源，可以利用这些资源开发出具有保健功能的农产品，如绿色蔬菜、有机水果、特色药材等。同时，可以结合传统中医理论，研发适合老年人的保健食谱和药膳，为老年人的健康保驾护航。

最后，逐步完善度假网络，是服务老年群体、挖掘农村资源、实现农家文化传承的长远之计。我们可以将农村地区的旅游景点、农家乐、养老基地等串联起来，形成一条完整的旅游产业链，并通过提供便捷的交通服务、丰富的旅游活动和贴心的旅游服务，吸引更多老年人到农村旅游度假。同时，还可以结合农村的文化特色，开展一系列文化体验活动，如农耕文化体验、民俗文化表演等，让老年人在旅游过程中感受到农家文化的魅力，实现农家文化的传承与发展。

（三）创新文化和旅游的深度融合

旅游作为与消费体系紧密相连的产业，其吸引力源于不断满足游客多样化和个性化的需求。在如今竞争激烈的市场环境中，要吸引游客的目光，必须打造具备创新理念的新型旅游产品。而农村作为文化底蕴深厚、自然资源丰富的宝库，正是旅游创新的主要依托。

文化创意乡村旅游的发展,核心在于融入文化和创造力这两个关键要素。这要求我们立足创意文化和创意农业,将传统的乡村旅游资源与现代的创新理念相结合,打造出具有新时代特点的旅游产品。具体而言,我们可以结合农村的农产品,宣传食品安全、健康生活和绿色园林等理念,为游客创造出既富有教育意义又难忘的乡村之旅。在农产品的种植、收获、加工、包装和销售等各个环节中,引入创新和参与互动的理念,让游客亲身体验农作物的生长过程,感受农耕文化的魅力,从而实现旅游效益的再提升。

同时,我们还可以在农村本土生活中挖掘本土文化资源,以及区域的独特性文化,以此来构建具备品牌效应的旅游体系。例如,将农产品或农产品废弃物打造成艺术品,如彩绘柚子、葫芦烙画、艺术果蔬、秸秆板凳、玉米皮编织和鸡毛画等,既能提升农产品的附加值,又能增强乡村旅游的文化吸引力。

此外,在旅游产品营销的过程中,我们还应深入挖掘其中的人文体系和文化底蕴,赋予旅游产品更高的人文价值。以褚橙为例,将褚橙与褚老的励志经历相融合,不仅体现了深厚的生命哲理和寓意,也赋予了褚橙更多的故事性和传播价值,从而提升了产品的市场竞争力。

最后,我们还可以结合不同的文创型村落,建立当地特色工坊,传承和弘扬诸如染织、剪纸、雕刻、刺绣等非物质文化遗产。通过打造属于当地特色的旅游纪念品和工艺品,不仅丰富了乡村旅游的商品种类,也促进了当地文化的传承和发展,实现了文化和旅游的深度融合。

(四)科教文化和旅游的深度融合

科教文化与旅游的深度融合,是一种将科学知识、教育元素与旅游资源相结合的创新模式。这种创新模式不仅丰富了旅游产品的内涵,还提升了旅游的体验价值,使游客在旅游过程中既能享受美景,又能获得知识并提升生活技能。从本质上来讲,科学文化和旅游之间的融合所打造的产品,通常是以自我发展型或自我提升型为主的乡村旅游项目。

这些旅游项目是建立在乡村自身资源优势的基础上,结合自然环境、乡村文化、乡村自有产业等多种要素,构建的旅游型课堂。游客可以通过参与体验式、探究式、实践式的旅游项目,深入了解乡村的自然生态、文化传统和产业特色。例如,一些乡村利用丰富的自然资源优势,发展观鸟旅游。游客可以近距离参观鸟类栖息地,观察鸟类的生活习性和特点,同时还能在鸟类专家的指导下提升生态保护意识。这种旅游项目不仅让游客感受到了大自然的魅力,还增强了他们的环保责任感。

另外,有些乡村则以传统的手工艺品作为卖点,开展产业链全过程参与和全方位营销。游客可以现场观摩手工艺品的制作过程,参与教学和生产体验,深入了解手工艺品的文化内涵和制作工艺。这种特色体验旅游不仅让游客感受到了传统文化的魅力,更有效激发了他们对传统文化的兴趣和热爱。

这种科教文化与旅游深度融合的旅游项目,所构建的文化体系倾向于提升和学习。它不仅可以增强地方经济,拓展旅游途径,还可以通过旅游和文化的融合,满足区域资源传承和发展的需求。同时,这种融合模式也有助于提升游客的综合素质和文化素养,促进人的全面发展。因此,我们应该积极推动科教文化与旅游的深度融合,打造更多具有教育意义和文化内涵的旅游产品,满足游客的多元化需求。

第三节　数字文旅的定义与特点

一、数字文旅的定义

数字文旅作为新兴领域,其概念在学术界尚未形成统一的标准,不同学者依据各自的研究背景与视角,提出了多样化的阐释。这些解释大多围绕旅游管理、文化产业等核心领域展开,试图从多个维度全面剖析数字文旅的内涵与外延。综合来看,数字文旅的概念界定主要聚焦于四个核心维度:新体验、新消费、新体系、新技术,这些维度共同构成了数字文旅的理论框架与实践基础。

从狭义层面而言，数字文旅被界定为一种以 VR、AR 等前沿数字技术为支撑的文化旅游模式。这种新型旅游模式通过高度沉浸式的数字化手段，显著增强了游客对文化遗产、景点历史、博物馆等文旅项目的感知体验。游客在虚拟与现实的交织中，能够身临其境地感受文旅资源的独特魅力，从而获得更加丰富、深刻的旅游体验。这种狭义上的数字文旅，不仅提升了文旅产品的吸引力，也为文旅产业的创新发展提供了新的思路与方向。

而广义上的数字文旅涵盖更为广泛。它指的是数字经济与文化旅游产业的深度融合与协同发展。这种融合不仅体现在技术层面的应用，更涉及文旅产业生产要素、资源配置方式的根本性变革。具体而言，数字文旅通过数字信息技术的有效运用，对文旅产业中的劳动要素、资本要素、数据资源要素等进行重新聚集和高效分配。这一过程中，文旅资源的数字化修复和保存成为可能，使得珍贵的文化遗产得以数字形式永久传承；文旅内容的数字化生产和传播则打破了传统时空限制，让文旅产品以更加便捷、高效的方式触达全球受众；同时，文旅产业的数字化服务和治理体系的建立，进一步优化了社会生产力并提升了整体的运营效率。

综上所述，广义上的数字文旅不仅创新了文旅产业的艺术表现形式，使得文旅产品更加多元化、个性化；还显著提升了公共文旅服务的数字化水平，为游客提供了更加便捷、智能的服务体验；同时，它也拓宽了文旅内容数字分发渠道，为文旅产业的全球化传播奠定了坚实基础；此外，数字化文旅消费新场景的发展，以及文旅数字化治理体系的构建，更是为文旅产业的可持续发展注入了新的活力与动力。

二、数字文旅的特点

（一）资源复合化

在传统文旅领域，资源主要局限于线下的文化展演、旅游景区等实体形式，这些资源虽然具有丰富的文化内涵和观赏价值，但在传播范围、互动方式等方面存在一定的局限性。然而，数字文旅的兴起极大地拓展了文旅资源的范畴。

数字文旅资源呈现出复合化的特点，主要涵盖三种类型：一是传统实体资源，如历史遗址、文化场馆、自然景观等，这些资源是文旅产业的基础；二是对传统实体进行数字化处理所形成的虚拟实体，通过数字技术（如3D扫描、虚拟现实等）将实体资源转化为数字化的形态，使得游客可以在虚拟环境中进行体验和探索；三是纯粹依靠虚拟创作而产生的数字内容产品，如数字艺术展览、在线文化演艺等，这些产品完全基于数字技术创作，为游客提供了全新的文旅体验方式。

这三种类型的数字文旅资源并不是独立存在的，而是可以进行线上线下的交互转化，形成一个系统性的文旅资源体系。在这个体系中，各类资源相互关联、相互补充，为游客提供全方位、多层次的文旅体验。同时，数字文旅不再仅仅满足于资源的有效配置，而是更注重资源的深度挖掘和持续优化。这意味着在数字文旅的发展过程中，不仅要关注资源的数量和种类，更要关注资源的品质，实现从"有无"问题向"优劣"问题的转化。通过不断挖掘和优化文旅资源，数字文旅将为游客提供更加丰富、多元、高品质的文旅产品和服务。

（二）空间多维化

数字文旅的兴起，不仅改变了文旅资源的呈现方式，也极大地拓展了文旅空间的概念和边界。资源的虚拟呈现与传播，彻底打破了传统时空观念上的思维逻辑，加速了文旅产品和服务从有形向无形的转化过程。这一转化，不仅体现在文旅产品的形态上，更体现在文旅活动的空间载体上。

在传统的文旅模式中，产品和服务往往依赖于实体的空间和场所，如景区、剧院、博物馆等。然而，在数字文旅时代，网上商城、云社区等数字空间应运而生，成为文旅活动的新载体。这些数字空间不受物理时空的限制，可以跨越地域、跨越时间，为游客提供全天候、全方位的文旅服务。

在数字空间内，信息传输和网络平台的发展起到了至关重要的作用。互联网、微信、微博等高速的信息传输工具和网络平台，使得文旅产品的交易、供求信息的对接、内容的分享变得更加快速高效。游客可以随时随地通过这些平台获取文旅信息，进行产品购买，分享旅游体验，从而实现了文旅活动的即时性和互动性。

数字文旅的空间多维化与虚拟化，不仅拓展了文旅活动的空间范围，还为文旅产业的创新发展提供了新的机遇和挑战，更为游客提供了丰富、多元、便捷和高效的文旅体验方式。

（三）身份模糊化

随着自媒体的飞速发展，数字文旅领域迎来了前所未有的参与热潮，参与主体的规模也呈现出快速增长的态势。在这个数字化、网络化的时代，绝大部分人都直接或间接地参与数字文旅活动，成为数字文旅生态中不可或缺的一部分。

这一参与过程的深化，使得数字文旅相关主体的身份呈现出模糊化的特点。在传统文旅模式中，生产者、消费者、传播者和营销者的身份通常是清晰可辨的，各自扮演着不同的角色。然而，在数字文旅领域，这些身份界限变得模糊，个人或企业不再仅仅局限于某种单一角色，而是同时兼具多重身份。具体来说，个人或企业在数字文旅活动中，既可以是内容的生产者，创作和分享独特的文旅体验；又可以是消费者，享受他人提供的文旅产品和服务；还可以是传播者，通过自媒体平台将文旅信息传播给更广泛的人群；同时，也可以是营销者，利用数字手段进行文旅产品的推广和销售。这种多重身份的重叠和交融，使得数字文旅生态更加复杂多样。

此外，数字文旅还存在虚实空间身份的随机、随时转换。在虚拟空间中，人们可以自由地转换身份，扮演不同的角色，享受不同的文旅体验。而这种身份的转换，往往只需要一键操作或一次点击，即可实现。这种虚实空间身份的灵活性和随机性，进一步加剧了数字文旅主体身份的模糊化趋势。

（四）体验品质化

在数字文旅的快速发展中，人工智能、虚拟现实等前沿技术的应用为游客带来了前所未有的品质化体验。这些技术不仅革新了文旅产品的呈现方式，更在行程预订、旅游等各个环节显著提升了游客的参与感和满意度。

在行程预订阶段，数字文旅通过虚拟现实技术，为游客提供了"云旅游"的全新体验。游客无需亲临实地，即可通过虚拟环境预览旅游目的地的风光、文化及设施详情，从而做出更加明智的旅游决策。这种预体验方式，不仅节省了游客的时间和精力，也提高了旅游产品的透明度和可信度。

在旅游中，人工智能和虚拟现实技术的应用更是让游客沉浸其中，流连忘返。沉浸式演艺项目通过高科技手段，将观众带入一个逼真的虚拟世界，使其身临其境地感受剧情的起伏和角色的情感。沉浸式游乐项目则利用VR、AR等技术，为游客提供刺激、有趣的互动体验，让其在游玩过程中获得极大的满足感和成就感。

这些品质化的体验，不仅丰富了文旅产品的内涵和外延，也提高了游客的旅游品质和幸福感。数字文旅通过不断创新和应用前沿技术，为游客打造了一个更加多元化、个性化、品质化的旅游世界。在这个世界里，游客可以尽情享受科技带来的便捷和乐趣，也可以更深入地了解和感受不同地域的文化和风情。

（五）发展融合化

数字文旅作为新兴的发展领域，其核心特征之一在于其高度的融合性。这一融合性不仅体现在旅游与文化两大传统产业的深度融合，还进一步将科技、创意等多个领域纳入其中，共同构建起一个全新的产业生态。

在数字文旅的框架下，旅游不再仅仅是简单的游览和观光，而是与文化深度结合，通过数字化的手段将文化内涵充分挖掘和展示，使游客在旅游过程中能够更深入地了解和体验当地的文化特色。同时，科技的融入为文旅产业带来了前所未有的变革。人工智能、大数据、云计算等先进技术的应用，使文旅产品的设计、开发、营销和服务等环节都更加智能化、个性化和高效化。

此外，创意也是数字文旅不可或缺的一部分。在数字文旅的产业生态中，创意成为推动产业发展的重要动力。通过创意的融入，文旅产品得以不断创新，满足游客多样化的需求。无论是文化旅游产品的开发，还是旅游体验的设计，都需要创意的加持，才能打造出具有吸引力和竞争力的产品。

综上所述，数字文旅的融合化特征促使旅游、文化、科技、创意等多个领域相互渗透、相互融合，共同形成了一个新的产业生态。这一产业生态以数字化为核心，以游客需求为导向，以创新和创意为动力，不断推动着文旅产业的升级和发展。

（六）可持续化

数字文旅在快速发展的同时，也高度重视生态保护和可持续发展。这一理念不仅体现在文旅产品的设计和开发过程中，更贯穿整个文旅产业的运营和管理之中。

通过数字化手段的巧妙运用，数字文旅实现了对文旅资源的精准把控与高效配置。在严格保护生态环境的基础上，它充分挖掘并利用了各地的自然风光与文化遗产，精心打造出一系列既独具魅力又符合可持续发展原则的文旅产品。这些产品不仅为游客带来了新颖、独特的旅游体验，满足了他们对美好生活的向往与追求，同时也为当地经济注入了新的活力，推动了经济的绿色增长。值得一提的是，数字文旅在助力乡村振兴方面发挥了不可替代的作用。借助数字化技术的强大力量，乡村的文旅资源得以更生动、全面地展示给世界，吸引了众多游客前来探寻乡村之美、品味乡村之韵。这不仅为乡村带来了可观的经济收益，有效提升了乡村居民的生活水平，更重要的是它促进了乡村文化的传承与发展，让乡村文化在交流与融合中焕发出新的生机与活力。

数字文旅为乡村振兴提供了全新的思路与途径，让乡村在保护生态环境的同时，实现了经济与文化的双重繁荣。这不仅是对传统文旅发展模式的创新与超越，更是对绿色发展理念的生动实践与诠释。未来，数字文旅将继续秉持可持续发展的理念，不断探索与创新，为构建美丽中国、推动乡村振兴贡献更多力量。

三、数字文旅的关键要素

数字文旅的关键要素包括数字文旅设施、智慧体验场景、文旅数字内容。

（一）数字文旅设施

数字文旅设施作为支撑数字文旅产业蓬勃发展的基石，其建设与完善是数字文旅战略实施的关键一环。数字文旅设施不仅涵盖了为数字文旅活动提供直接服务的基础设施，还包括了一系列配套系统与平台，共同构成了数字文旅生态的硬件基础。具体而言，数字文旅设施可细分为以下三大类。

1.数字文旅新型基础设施

文旅新型基础设施是数字文旅发展的物质基础和先决条件，它融合了现代信息技术与传统文旅资源，为文旅产业的数字化转型提供了强大支撑。这一类别主要包括三类设施：一是信息基础设施，如文旅大数据中心，作为数据汇聚、处理与分析的核心，为文旅行业的精准决策和个性化服务提供数据基础；二是融合基础设施，如数字博物馆，通过数字化手段将文物、艺术品等文化资源进行数字化展示与传播，极大地拓宽了文旅资源的传播范围和影响力；三是创新基础设施，如智慧文创产业园，通过集成文化创意、技术研发与产业孵化等功能，为文旅产业的创新升级提供良好的生态环境。

2.数字文旅数字管理系统

数字文旅数字管理系统是数字文旅运营管理的神经中枢，它通过集成各类管理子系统，实现了文旅活动的高效、智能管理。这些管理系统主要包括以下四类：一是支付管理系统，如电子票务系统、一卡通系统以及闸机/自助售票系统，通过简化购票流程，提升游客的入园体验；二是监控管理系统，包括视频监控系统、舆情监测系统、在线巡检系统以及呼叫中心系统，为文旅场所的安全管理和服务质量提供有力保障；三是统计管理系统，如客流量统计分析系统、消费统计系统，为文旅企业的市场分析和经营策略调整提供了数据支持；四是交通管理系统，如停车场管理系统、LED信息发布系统，有效提升文旅场所的交通管理效率和信息传播效果。

3.数字文旅服务平台

数字文旅服务平台是数字文旅与游客互动的桥梁，通过多种形式的线上服务，为游客提供了便捷、丰富的文旅体验。这些服务平台主要包括以下四类：一是旅游信息发布及交易平台，通过集成旅游产品的信息查询、预订、支付等功能，为游客提供一站式的旅游服务；二是线上文旅体验平台，如虚拟景区游览、在线文化展览等，突破时空限制，让游客能够随时随地享受文旅资源；三是智慧景区管理云平台，通过景区管理的智能化和精细化，提升景区的管理效率和服务水平；四是自媒体平台，如微信公众号、抖音号等，作为文旅企业品牌宣传和游客互动的重要渠道，为文旅产业的营销传播提供了新的途径。

（二）智慧体验场景搭建

智慧体验场景作为文旅数字体验的核心载体，其搭建与完善对于提升消费者文旅体验、推动文旅产业数字化转型具有重要意义。智慧体验场景不仅涵盖了线上线下各类数字体验空间，还融入了多样化的智慧场景服务，为消费者打造了一个全方位、多维度的数字文旅世界。

1.数字体验空间的创新打造

数字体验空间是智慧体验场景的重要组成部分，它通过运用现代信息技术，为消费者提供了前所未有的沉浸式文旅体验。这些数字体验空间形式多样，既包括线下的实体体验馆，如高科技文化体验馆，通过声光电等多媒体手段，将文旅资源以新颖、生动的方式呈现给消费者；也包括线上的虚拟体验空间，如通过全景拍摄技术构建的线上虚拟旅行社，消费者足不出户就能游览世界各地的名胜古迹。此外，数字影院、VR虚拟旅游、数字化实景演出等也是数字体验空间的重要表现形式，凭借高科技手段，为消费者带来了身临其境的文旅体验。

2.智慧场景服务的全面覆盖

智慧场景服务是智慧体验场景的另一大亮点，它通过智能化、自动化的服务手段，显著提升了文旅服务的便捷性和效率。在智慧酒店方面，智能客房通过物联网技术实现了设备的智能化控制，消费者可以通过手机或语音助手轻松操控房间内的各项设施；景区无人商店和无人售卖车则通过无人化运营，为消费者提供了24小时不间断的购物服务；而酒店的入住自助办理和景区的扫码入园等智能服务，有效缩短了消费者的等待时间，提升了他们的入住和游览体验。

综上所述，智慧体验场景的深度构建与多元化拓展是数字文旅发展的重要方向。通过创新打造数字体验空间和全面覆盖智慧场景服务，能够为消费者提供更加便捷、高效、丰富的文旅数字体验，推动文旅产业的数字化转型和升级。同时，智慧体验场景的不断完善也将进一步激发消费者的文旅消费潜力，促进文旅市场的繁荣发展。

（三）文旅数字内容创作

文旅数字内容作为数字时代文旅产业的新兴产物，正以其独特的魅力和无限的潜力，引领着文旅行业的创新发展。文旅数字内容是由文旅参与主体精心创作和制作的各种数字文化及旅游产品，其形式多样，涵盖了网络文学及艺术、网络视频及电影、网络课程、网络直播、网络游戏，以及数字博物馆、图书馆、文化馆、数字景区、线上节庆活动等众多领域。

这些数字内容不仅丰富了文旅产品的形态，更以其原创性和独特性，吸引了大量消费者的关注。在数字技术的支撑下，文旅数字内容得以突破传统文旅产品的时空限制，以更加生动、直观的方式呈现在消费者面前。无论是通过网络文学感受异域文化的魅力，还是通过网络视频游览远方的风景，抑或通过数字博物馆了解历史的厚重，文旅数字内容都让消费者在家中就能享受到丰富多彩的文旅体验。

与此同时，文旅数字内容的发展正呈现出迅速崛起的态势。随着数字技术的不断进步和消费者需求的日益多样化，文旅数字内容的市场规模不断扩大，影响力也日益增强。越来越多的文旅企业开始注重数字内容的创作和开发，将其作为提升品牌竞争力、拓展市场份额的重要手段。尤为重要的是，文旅数字内容逐渐成为数字文旅最具影响力和发展潜力的领域。它不仅为文旅产业带来了新的增长点，更为文旅产业的转型升级提供了有力支撑。通过数字内容的创新和融合，文旅产业可以打破传统模式的束缚，实现跨界融合和协同发展，为消费者提供更加多元化、个性化的文旅服务。

数字文旅设施、智慧体验场景和文旅数字内容三者相互依存、相互促进，共同构成了数字文旅的完整生态。首先，数字文旅设施是数字文旅发展的基础。在数字技术的赋能下，这些设施得以智能化、网络化，为智慧体验场景的构建提供了可能。没有数字文旅设施的基础支撑，就无法实现智慧化的文旅体验，也无法产生丰富多样的文旅数字内容。其次，智慧体验场景是数字文旅设施功能和文旅数字内容的载体。智慧体验场景通过整合数字文旅设施的功能和文旅数字内容，为消费者提供沉浸式的文旅体验。无论是线上的虚拟旅游、数字博物馆，还是线下的智能景区、实景演出，智慧体验场景都让文旅数字内容更加生动、直观地呈现在消费者面前，增强了文旅体验的吸引力和互动性。最后，文旅数字内容是数字文旅设施和智慧体验场景的灵魂素材，也是推动数字文旅发展的新动力。文旅数字内容以其独特的创意和丰富的内涵，吸引了大量消费者的关注。它不仅丰富了文旅产品的形态，还提升了文旅体验的品质。同时，文旅数字内容的不断创新和发展，也为数字文旅设施和智慧体验场景的升级提供了源源不断的动力。在未来，我们需要继续加强这三者的融合与创新，为数字文旅产业的繁荣发展贡献更多力量。

四、数字文旅在乡村振兴中的作用

（一）数字文旅是乡村传统产业转型升级的强劲驱动力

在经济全球化与信息化浪潮的交织影响下，乡村传统产业正经历着前所未有的变革与重塑。这一进程不仅体现在产业结构的深度调整上，更彰显在由传统种植业和养殖业为主的初级发展阶段，向涵盖乡村休闲旅游、创意农业、乡村传统工艺等多元化和高端化的高级阶段转型。这一转型不仅是产业内部的自我革新，更是现代农业与现代服务业相互融合、相互促进的新型发展格局的构建过程。

数字文旅作为信息技术与文旅产业深度融合的产物，在此过程中发挥了重要的推动作用。它通过数字化、网络化、智能化的改造手段，以及集成应用的技术创新，为乡村传统产业提供了全新的发展路径和升级策略。具体而言，数字文旅利用大数据、云计算、物联网等先进技术，对乡村旅游资源进行精细化管理和智能化开发，不仅提升了乡村旅游的吸引力和竞争力，还促进了乡村传统工艺、特色农产品等文化资源的数字化传播和市场化运营。

在乡村振兴的宏伟蓝图中，数字文旅不仅扮演着技术支持者的角色，更是新发展思路的引领者，通过打破传统产业边界，促进产业融合创新，为乡村产业发展开辟了新的空间。数字文旅的引入，使得乡村传统产业在保持原有特色的基础上，能够更好地融入现代市场体系，实现价值链的延伸和增值。同时，数字文旅还通过提升乡村旅游的品质和体验，吸引了更多游客前来观光体验，进一步带动了乡村餐饮、住宿、交通等相关产业的发展，为乡村经济社会发展注入了新的活力。

数字文旅作为传统文旅产业转型升级的有力支撑，不仅为乡村传统产业提供了技术赋能和创新驱动，还为其注入了新的发展动力和活力。在乡村振兴的征程中，数字文旅将成为推动乡村经济社会全面发展的重要力量。

（二）数字文旅是拓宽乡村文化消费市场的新引擎

数字文旅作为信息技术与文旅产业深度融合的典范，其独特的线上线下融合消费场景，为乡村文化消费市场的扩大注入了新的活力。这一融合模式不仅促进了乡村文化资源价值的深度挖掘与有效实现，更为旅游市场的拓展开辟了新的路径。

一方面，数字文旅通过线上平台提供了丰富多样的文化产品和服务，满足了人民群众日益增长且多元化的文化需求。这些线上文化产品，如乡村特色手工艺品、民俗文化表演、乡村风光摄影等，以其独特的魅力和亲和力，吸引了大量城市居民的关注和喜爱，从而有效扩大了乡村文化产品的销售渠道和市场影响力。同时，线上平台的便捷性和广泛性，也使得乡村文化资源能够跨越地域限制，触达更广泛的消费者群体，进一步推动了乡村文化市场的繁荣。

另一方面，数字文旅的线上线下融合模式，还有利于培育乡村新型消费主体，扩大文化消费市场。通过线上平台的引导和推广，更多农民开始接触并参与到文化产业中来，他们不仅成为文化产品的生产者和提供者，也成了文化消费的积极参与者。这种参与式的文化消费模式，不仅激发了乡村居民的文化创造力和市场活力，还促进了乡村文化产业的多元化发展。

在乡村振兴的大背景下，构建多元供给体系、提升乡村公共文化服务水平和质量，是推动乡村文化消费市场发展的重要举措。而数字文旅的线上线下融合发展，正为这一目标的实现提供了有力支撑。它不仅形成了新的农村文化消费市场，还激发了乡村居民参与线上文化活动的热情和积极性。这种积极性的提升，不仅丰富了乡村居民的精神文化生活，还为他们提供了更多的就业机会和收入来源，从而有效促进了农村地区的经济发展和社会进步。

(三)数字文旅是拓宽乡村就业创业渠道的新途径

数字文旅的蓬勃发展,为乡村就业创业开辟了新的途径,成为缓解就业压力、有效解决农民失业问题的有力抓手。在乡村振兴战略的深入实施和文化旅游消费市场持续扩大的背景下,乡村旅游业迎来了前所未有的发展机遇,而数字文旅的融入,更是为这一产业注入了新的活力和动力。

数字文旅作为一项融合了文化、科技、创意等多元元素的综合性产业,其独特的魅力和潜力在于能够全面提升乡村旅游业的发展质量。通过数字化技术的应用,乡村旅游的宣传推广、服务体验、产品创新等方面都得到了极大的改善和提升,从而吸引了更多游客前来观光体验,进一步推动了乡村旅游业的繁荣发展。

随着数字文旅的深入发展,一大批技术水平高、经营能力强的从业人员纷纷加入乡村旅游产业。他们不仅给乡村和企业带来了先进的经营理念和管理经验,更通过创新创业为乡村旅游业注入了新的活力和动力。这些从业人员的加入,不仅增加了就业机会,扩大了就业范围,还为农民提供了更多元化的就业选择和发展空间。

同时,数字文旅的发展也优化了乡村的收入结构,提升了农民的生活水平和生活质量。通过参与乡村旅游产业,农民不仅可以获得稳定的收入来源,还可以通过创新创业,实现个人价值的提升和财富的积累。这种收入结构的优化和生活水平的提升,进一步增强了农民对乡村生活的归属感和幸福感,也为乡村振兴战略的深入实施提供了有力支撑。

(四)数字文旅是城乡一体化发展的新动力

城乡二元结构体制长期以来一直是我国经济和社会发展中的一大障碍,其制约了城乡之间的均衡发展与资源流动。然而,数字文旅的兴起为打破这一壁垒、推动城乡一体化发展提供了新的契机和路径。

数字文旅通过实现文化和旅游资源的数字化整合,将城市的先进文化与乡村的独特风光有机融合，形成了一种全新的文旅发展模式。这一模式不仅让城市居民能够便捷地享受高品质的文化和旅游服务，满足了他们对乡村田园生活的向往和追求，同时也让广大乡村居民有机会共享城市发展的成果，提高了他们的生活品质，增强了获得感和幸福感。

数字文旅的发展，不仅促进了城乡之间的文化交流与融合，还有助于推动乡村居民观念的更新和生产生活方式的改变。通过网络直播、短视频等新媒体形式，乡村的好山好水好风光得以生动展现给城市居民，极大地提升了乡村旅游的吸引力和影响力。这种新的宣传方式不仅为乡村旅游带来了更多的游客和收入，也激发了乡村居民对美好生活的向往和追求，促使他们更加积极地投入乡村振兴的伟大事业中。

此外，数字文旅还通过提供线上培训、电商销售等平台，帮助乡村居民提升技能、拓宽就业渠道，进一步促进了城乡之间的经济融合与发展。这种全方位、多层次的推动作用，使得数字文旅成为城乡一体化发展的新动力，为构建和谐社会、实现全面可持续发展注入了新的活力。

（五）数字文旅是乡村治理效能提升的新引擎

数字文旅的深入发展，依托大数据、云计算、人工智能等前沿数字技术的广泛应用，为打破城乡信息壁垒、实现城乡文化资源共建共享提供了强大支撑，有效推动了乡村治理体系和治理能力现代化进程。

随着乡村数字基础设施的不断完善和升级，乡村治理的数字化、智慧化水平得到了显著提升。全国各地的乡村开始逐步探索并实践村务管理的信息化、规范化和数字化，通过构建乡村治理信息平台，实现了"掌上办事""指尖办事"的便捷服务。这一变革不仅极大地提高了村务管理的效率和透明度，还方便了乡村居民参与村务管理，从而增强了他们的归属感和责任感。

数字文旅在提升乡村治理效能方面的作用还体现在对特殊群体的精准帮扶和救助上。通过数字技术的应用，可以对乡村居民的健康状况进行实时监测和预警，及时发现并处理潜在的健康问题。同时，针对特殊群体，如老年人、残疾人等,数字文旅提供了更便捷、精准的帮扶和救助服务,确保他们能够及时获得所需的帮助和支持。

此外,数字文旅还通过手机端等移动应用,为乡村居民提供了更便捷、高效的公共服务。他们可以随时随地进行相关咨询、投诉等操作,不仅提高了公共服务的可及性和均等化水平,还增强了乡村居民对公共服务的满意度和信任度。

综上所述,数字文旅作为乡村治理效能提升的新引擎,通过数字技术的广泛应用和不断创新,为乡村治理体系和治理能力现代化提供了有力支撑。未来,随着数字文旅的深入发展和不断完善,相信乡村治理效能将得到进一步提升,为乡村振兴战略的深入实施提供更加坚实的保障。

第四节 乡村振兴的内涵与目标

一、乡村振兴战略的内涵

乡村振兴战略是习近平新时代中国特色社会主义思想在"三农"领域的具体实践与创新发展。这一战略不仅深刻体现了新时代中国特色社会主义的发展理念,更是对中国特色社会主义进入新时代后,全面建设社会主义现代化国家新征程上"三农"工作全局性、战略性的深刻把握和科学谋划。

首先,从战略领衔主体来看,乡村振兴战略是以习近平同志为核心的新一届中央领导集体对"三农"工作高度重视和深切关怀的集中体现。这一战略部署不仅彰显了新一届中央领导集体对"三农"工作"新时代要有新气象,更要有新作为"的坚定决心,也体现了党中央对农业农村发展问题的深刻洞察和前瞻布局。通过乡村振兴战略的实施,党中央旨在推动农业农村发展实现历史性跨越,为全面建设社会主义现代化国家奠定坚实基础。

其次,乡村振兴战略以习近平新时代中国特色社会主义思想为指导,这一指导思想在党的十九大报告中得到了全面而深刻的阐述。从经济、政治、文化、社会、生态文明五个方面,习近平新时代中国特色社会主义思想为乡村振兴战略提供了理论支撑和实践指南。在这一思想的引领下,乡村振兴战略将更加注重发展的全面性、协调性和可持续性,致力于构建现代农业产业体系、生产体系、经营体系,推动农业农村发展迈上新台阶。

再次,乡村振兴战略深刻体现了社会主义进入新时代后"三农"工作的新要求。随着中国特色社会主义进入新时代,农业农村发展也进入了新阶段,城乡之间发展呈现出新的特点和趋势。在这一背景下,"三农"问题在现代化国家建设中的地位更加凸显,成为制约经济社会发展的短板之一。乡村振兴战略正是针对这一现状提出的,旨在通过加快农业农村发展,解决不平衡不充分的发展问题,推动城乡融合发展,实现共同富裕。

最后,从战略的历史任务来看,乡村振兴战略旨在加快农业农村现代化步伐,加快推进农业大国向农业强国迈进。这一战略与建设社会主义现代化强国的总体目标相契合,与实现中华民族伟大复兴中国梦的宏伟蓝图相适应。新时代下,以习近平同志为核心的党中央将坚持农业农村优先发展,将其视为实现中华民族伟大复兴不可或缺的重要组成部分。通过加强统筹协调和全局管理,推动农业农村现代化优先发展,乡村振兴战略将为全面建设社会主义现代化国家注入强大动力,为实现中华民族伟大复兴的中国梦提供有力支撑。

二、乡村振兴战略的目标

实现农业农村现代化,作为中国乡村振兴战略的核心总目标,其实现过程被精心规划为三个阶段性里程碑。截至2020年,乡村振兴应取得重要阶段性进展,构建起基础性制度框架和政策支撑体系,为后续发展奠定坚实基础;截至2035年,乡村振兴需达成决定性突破,农业农村现代化基本成形,标志着我国农业农村发展迈入新阶段;截至2050年,乡村将实现全面振兴,农业强盛、农村美丽、农民富裕的宏伟蓝图将全面实现。这一长远规划具体体现在党的十九大报告中提出的乡村振兴战略"二十字"方针上——"产业兴旺、生态宜居、乡风文明、治理有效、生活富裕",不仅为乡村振兴战略的实施提供了总纲领，也要求建立健全城乡融合发展体制机制和政策体系，加速推进农业农村现代化的进程。

相较于2005年党的十六届五中全会提出的建设社会主义新农村的"二十字"方针，"产业兴旺、生态宜居、乡风文明、治理有效、生活富裕"的新方针在表述、内涵及目标要求上均赋予了更多新意和指向性。这要求我们在理解和执行时，既要紧密贴合乡村振兴战略的总体要求，又要充分考虑各地乡村发展的实际情况，确保政策与举措的高效性和针对性。

"产业兴旺"作为乡村振兴的经济基石，其内涵远超单一农业产业的发展，而是着眼于农业产业链的延伸和一、二、三产业的深度融合及功能多样化与以质量取胜的现代农业产业体系的繁荣。为此，需着力构建和完善现代农业的产业体系、生产体系、经营体系，注重提升农业产业链的价值、利益和可持续性，强调绿色化、优质化、特色化和品牌化的发展路径。同时，推进适度规模经营和多元化、专业化的农业服务，平衡培育新型农业经营主体与扶持小农户的关系，实现小农户与现代农业发展的有机对接。

"生态宜居"则是乡村振兴的环境支撑，其内涵不仅限于为乡村居民提供宜居环境，更需满足城市居民对美好生活的向往，形成城乡互通、开放共享的生态宜居空间。实现这一目标需对生态保护、产权、交易、利益分配等体制机制进行革新，促进乡村自然生态环境保护与开发利用的和谐共生，使"生态宜居"的乡村既成为城乡居民的理想栖息地，也成为"绿水青山就是金山银山"理念的实践典范和农民增收的重要来源。

"乡风文明"作为乡村振兴的文化根基，体现了乡村德治的核心价值。中国悠久的文明历史与对中国特色社会主义和现代生态文明的追求，要求"乡风文明"既要传承五千年农耕文明的精髓，又要融入现代工业化、城市化、信息化社会的文明元素，形成传统与现代文明相融合的特色乡村文明体系。如何实现这两种文明的有机融合，构建具有中国特色的现代乡村文明，是乡村振兴战略实施中的重要研究课题和实践方向。

"治理有效"作为乡村振兴的社会基础，强调多元参与和协同治理，与传统管理的纵向主导、服从性形成鲜明对比。乡村的"治理有效"是国家治理体系现代化和乡村"善治"的必然要求，应体现治理手段的多元化和刚柔并济，即法治、德治、自治"三治合一"，同时确保治理效果的可持续性和低成本性，赢得广大农民的认可和满意。法治作为正式制度和他治偏向的安排，与德治这一非正式制度和自治偏向的安排相辅相成，共同构成刚柔相济的治理体系。自治则是村民自主和民主参与的重要前提，为实现乡村"治理有效"的制度基石，要求清晰界定自治边界，赋权乡村社区组织，并有效发挥其自主性和能动性。

"生活富裕"作为乡村振兴的民生追求，旨在消除乡村贫困，促进农民收入持续增长，缩小城乡居民在收入和社会保障方面的差距，最终实现乡村人口在全面小康基础上的生活富足。居民收入水平是衡量"生活富裕"的重要指标，但其内涵远不止于此，还体现在居民生活质量的提升、家庭和睦以及社会和谐等多方面。因此，"生活富裕"是乡村振兴战略的终极归宿。

在实施乡村振兴战略时，应深刻理解"二十字"方针所蕴含的五大目标任务的内在联系和有机统一性。不仅要准确把握这"二十字"方针的科学内涵和要求，还要深刻理解五大目标任务之间的逻辑关系和相互依存性，以便在战略实施中做到整体规划、突出重点、方法适宜、有序推进，实现事半功倍的效果。具体而言，在乡村振兴战略推进过程中，应将实现乡村居民"生活富裕"作为根本性目标，通过经济发展和社会发展进一步提升农民生活水平。

同时，要将"治理有效"与"乡风文明"建设紧密结合，通过有效的治理促进文明乡风的形成，通过乡风文明建设提高乡村德治水平，进而实现法治、德治、自治相结合的乡村"善治"格局。此外，还应将"产业兴旺"与"生态宜居"有机结合，使"生态宜居"成为乡村百姓"生活富裕"的重要特征和"产业兴旺"的重要标志。因为中国乡村的"产业兴旺"不仅体现在第一产业的繁荣上，更体现在一、二、三产业的融合发展和功能多样化上。例如，乡村休闲旅游业和康养产业的发展，就需要以"生态宜居"为基础和前提。

在准确把握乡村振兴战略科学内涵和目标任务的基础上，还应确立科学的推进思路和路径。应从区域新型城镇化战略和乡村差异化发展的实际出发，深入理解"二十字"方针的科学内涵及其目标任务的相互关系，制定具体的落地规划。在乡村振兴战略的具体推进过程中，还应注重"三条路径"的同步协调，即"五个激活"要素驱动（激活土地、资本、人才、科技、数据）、"五位一体"系统协同（经济、政治、文化、社会、生态文明"五位一体"）和"五对关系"把控（处理好工农关系、城乡关系、土地利用关系、人与自然关系、国内发展与对外开放关系）的同步协调。这意味着在实施乡村振兴战略时，先要对战略的科学内涵和目标任务进行充分论证；然后要与区域城镇化进程和乡村发展实际紧密结合，对不同形态的乡村及其发展进行合理定位，做好顶层设计；最后制订出具体的计划安排，避免仓促出台与实施建设项目，确保战略实施的稳健性和有效性。

第五节 数字文旅与乡村振兴协调发展的基础理论

在深入探讨数字文旅与乡村振兴协调发展的这一重要议题时，我们有必要对其背后的理论基础进行全面而深入的剖析，这对于理解这一发展模式的内在逻辑，以及有效推动其实践进程具有至关重要的意义。以下内容将从多个理论维度，系统阐述数字文旅与乡村振兴协调发展的理论依据，为相关实践提供坚实的理论支撑。

一、产业融合理论

产业融合理论作为数字文旅与乡村振兴协调发展的核心理论框架之一，其重要性不言而喻。该理论源于对当代经济社会发展趋势的深刻洞察，特别是在信息技术日新月异的背景下，传统产业之间的界限逐渐变得模糊，产业间的交叉融合成为一种不可逆转的趋势。

在数字文旅与乡村振兴的紧密结合中，产业融合理论发挥了至关重要的作用。数字技术作为连接文化与旅游产业的桥梁，极大地促进了二者之间的协同发展。一方面，数字技术的广泛应用为乡村旅游带来了前所未有的展示方式和体验手段。例如,通过VR技术,游客可以沉浸式体验乡村自然风光,感受那份宁静与祥和;而AR技术的运用,则让游客在游览过程中能够实时获取关于乡村历史遗迹、民俗文化等方面的信息,从而显著提升了旅游体验的深度和广度。

另一方面,乡村旅游所蕴含的丰富资源也为数字文旅产业的发展提供了宝贵的素材和广阔的发展空间。乡村的自然风光、民俗文化、历史遗迹等,都是数字文旅创作和开发的宝贵源泉。通过数字技术的巧妙运用,这些资源可以被转化为具有吸引力的数字文旅产品,满足游客多样化的旅游需求,同时也为乡村经济的转型升级和可持续发展注入了新的活力。

二、可持续发展理论

可持续发展理论作为指导现代社会发展的重要理念,其核心在于强调经济、社会、环境三大系统的协调与平衡。在数字文旅与乡村振兴的深度融合过程中,这一理论得到了生动而具体的体现,成为推动二者协调发展的重要理论支撑。

在数字文旅赋能乡村旅游的实践中,可持续发展理论发挥着举足轻重的作用。数字技术以其独特的优势,为旅游资源的优化配置和高效利用提供了可能。通过数字化手段,我们可以更加精准地掌握乡村旅游资源的分布状况、开发潜力以及游客需求,从而制定出更加科学合理的旅游发展规划。这不仅有助于避免旅游资源的盲目开发和过度利用,还能有效减少对自然环境的破坏,保护乡村的生态环境和文化遗产。

与此同时,数字文旅的发展也为乡村地区带来了经济上的新机遇。随着数字文旅产业的蓬勃发展,乡村地区的住宿、餐饮、交通等相关产业也得到有力带动,形成了产业链上下游的协同发展格局。这不仅为乡村居民提供了更多的就业机会、拓宽了收入来源,还有助于提升乡村地区的经济整体实力和竞争力。

此外,数字文旅与乡村振兴的结合还促进了社会和谐稳定。数字技术的广泛应用使得乡村地区的信息流通更加便捷高效,乡村居民的生活质量和文明程度也得到了显著提升。随着乡村经济的发展和居民生活水平的提高，乡村社会的和谐稳定也有了更加坚实的基础。

三、创新理论

创新理论作为经济社会发展的核心驱动力之一，在数字文旅与乡村振兴的协调发展中扮演着至关重要的角色。这一理论强调，通过不断的创新活动可以打破传统的发展模式，创造出新的增长点和竞争优势，从而推动经济社会的持续进步。

在数字文旅的发展历程中，创新无疑是其不断前行的核心动力。数字技术的迅猛发展为乡村旅游带来了前所未有的变革机遇。通过数字技术的赋能，我们可以创造出全新的旅游产品和服务模式，满足游客日益多样化、个性化的需求。例如，利用大数据和人工智能技术，我们可以为游客提供定制化的旅游路线和行程规划，让每一位游客都能享受到独一无二的体验。同时，数字技术还可以帮助我们打造虚拟旅游、在线互动等新型旅游形式，拓宽旅游产业的边界，为乡村旅游注入新的活力。

此外，数字文旅的发展还极大地激发了乡村地区的创新活力。在数字技术的推动下，乡村地区的传统产业得到了升级改造，新兴产业形态和商业模式不断涌现。这不仅为乡村经济带来了新的增长点，还推动了农村经济的转型升级和结构调整。乡村居民在参与数字文旅发展的过程中，也逐渐培养了创新意识和创业精神，为乡村地区的长期发展奠定了坚实的基础。

四、系统论

系统论作为一门研究系统整体性质及其运行规律的科学，为数字文旅与乡村振兴的协调发展提供了独特的理论视角和实践路径。它强调整体与部分之间的紧密联系，以及系统内部各要素之间的协同作用，为理解和推动乡村地区的全面发展提供了有力的理论支撑。

在数字文旅与乡村振兴的结合中，我们可以将乡村地区视为一个复杂的整体系统。其中，数字文旅作为系统中的一个重要子系统，发挥着举足轻重的作用。数字技术的广泛应用为乡村旅游带来了前所未有的变革，不仅改变了旅游产品的呈现方式和游客的体验模式，还深刻影响了乡村地区系统内部的结构和功能。

通过数字技术赋能乡村旅游，我们可以优化乡村地区系统内部的结构，提高系统整体的效能。数字技术能够帮助我们有效整合乡村地区的旅游资源，实现旅游信息的共享和协同管理，从而提高旅游服务的效率和质量。同时，数字技术还能促进乡村旅游与其他产业之间的融合与创新，形成新的产业生态和商业模式，为乡村地区的经济发展注入新的活力。

此外，数字文旅的发展还能促进乡村地区各产业之间的协同发展，形成良性循环。在数字技术的推动下，乡村旅游、农业、手工业等传统产业可以相互融合，形成产业链上下游的紧密合作。这种协同发展的模式不仅有助于提升乡村地区的整体竞争力，还能促进产业之间的互补和共赢，实现乡村经济的可持续发展。

五、政策导向理论

政策导向理论在数字文旅与乡村振兴的协调发展中发挥着至关重要的外部驱动作用。政策作为政府调控和引导市场的重要手段，其针对性、前瞻性和激励性对于推动新兴产业的发展和传统产业的转型和升级具有不可估量的价值。

近年来，随着数字技术的飞速发展和乡村振兴战略的深入实施，国家和地方政府高度重视数字文旅与乡村振兴的融合发展，相继出台了一系列具有针对性和前瞻性的政策措施。这些政策不仅为数字文旅的发展提供了有力的支持和保障，也为乡村振兴注入了新的活力和动力。例如，文化和旅游部等十部门联合颁发的《关于深化"互联网＋旅游"推动旅游业高质量发展的意见》，就是一项具有里程碑意义的政策文件。该政策明确提出要推动以智能化和数字化为特征的智慧旅游的深度发展和模式创新，为数字文旅的发展指明了方向。同时，这一政策也强调了数字技术在提升旅游服务质量、优化旅游产品结构、促进旅游产业转型升级等方面的重要作用，为数字文旅与乡村振兴的协调发展提供了有力的政策支撑。

在地方层面，各级政府也纷纷响应国家号召，结合本地实际出台了一系列支持数字文旅和乡村振兴的政策措施。这些政策不仅涵盖了资金投入、税收优惠、土地政策等多个方面，还包括了人才培养、技术创新、市场拓展等多个环节，为数字文旅与乡村振兴的协调发展提供了全方位、多层次的政策保障。

综上所述，数字文旅与乡村振兴的协调发展并非偶然之举，而是有着深厚的理论基础和科学的实践指导。这一进程涵盖了产业融合理论、可持续发展理论、创新理论、系统论，以及政策导向理论等多个理论领域，每一理论都为数字文旅与乡村振兴的深度融合提供了独特的视角和有力的支撑。这些理论相互交织、相互补充，共同构成了数字文旅与乡村振兴协调发展的理论体系。在未来的发展中，我们应继续深化对这些理论的研究，不断探索其在实践中的应用路径和模式。同时，我们还应加强跨学科、跨领域的合作与交流，推动数字文旅与乡村振兴的协调发展不断迈向新的高度，为实现乡村全面振兴和旅游业高质量发展贡献更多的智慧和力量。

第三章　河南省数字文旅与乡村振兴的发展现状

第一节　河南省数字文旅的发展历程与成就

一、河南省数字文旅的发展历程

河南省，这片古老的土地，在自然资源方面拥有着得天独厚的优势。其地貌特征多样，自然景观丰富，既有北方的雄浑壮美，又有南方的秀丽多姿，中原大地宛如一幅绚丽多彩的画卷。在历史文化方面，河南作为全国政治、经济、文化中心的历史长达3000多年，八大古都中河南独占四席，漫长的文明进程为河南留下了璀璨夺目的文化遗产，真可谓是"伸手一摸就是春秋文化的韵味，两脚一踩就是秦砖汉瓦的印记"。然而，在相当长的一段时间内，河南的文旅产业并未能充分展现出其应有的魅力。尽管文旅融合的理念被大力提倡，但在实际发展过程中，往往只停留在文字层面的融合，而未能实现产业层面的深度融合。文化保护工作也时常受到陈旧观念的束缚，导致河南始终难以塑造出一个符合当代想象的城市性格，从而使得河南的旅游业缺乏根本的驱动力，难以实现突破性发展。

（一）文化破圈：释放超级 IP 能量，掌握流量密码

2021年堪称河南文旅破圈而出的元年。这一年，河南文旅业的发展摸索到了一条新的主线和灵感，即以文化复兴为突破点，通过民族歌舞的形式重新诠释新河南文化，并辅之以落地的文旅项目来承接沉浸式文化体验，从而形成了一个全新的产业生态系统，走出了一条文旅融合发展的新路径。

1.文化为魂：深度挖掘与创新呈现

在这过程中，河南文旅产业通过线上战略布局与线下落实相结合，实现了"一破一立"，焕新了城市形象，释放出了超级 IP 的能量，掌握了流量的密码，从而迅速出圈。具体而言，从 2021 年河南卫视春晚的《唐宫夜宴》开始，到端午节的《洛神水赋》等各类演艺节目，再到沉浸式戏剧主题公园《只有河南·戏剧幻城》，以及七夕的《七夕奇妙游》、中秋的《中秋奇妙游》等，河南文旅产业凭借一系列创新性的文化呈现方式，成功吸引了全国乃至全球的目光。

其中，《唐宫夜宴》作为网友公认的牛年"第一炸"，成功打破了人们对传统文化的刻板印象。这个节目由郑州歌舞剧院的 14 位女演员呈现，灵感源自河南博物馆中的一组唐三彩乐俑。为了演活丰腴的唐代仕女形象，演员们穿上了塞着海绵的连体衣，嘴里含着特制棉花以让腮帮鼓起来，眼角画上两道月牙形妆容以还原唐代潮流面饰"斜红"。繁复的发饰加上唐三彩样的纱衣，使得"鬓云欲度香腮雪，衣香袂影是盛唐"的盛景得以在现实中重现。尽管《唐宫夜宴》只有 5 分多钟，但实现了不同场景和视角的花式切换，从虚拟的博物馆场景到唐代乐俑的复活，再到梳洗完毕赴宴过程中的"人在画中游"幻镜，以及最后大气磅礴的宫廷场景，都让观众感受到了前所未有的视觉盛宴。更难能可贵的是，节目还将出土的文物作为贯穿整个节目的彩蛋，向观众展现了河南数千年来的文化底蕴。这些文物包括春秋时期的"莲鹤方壶"、商代"妇好鸮尊"、新石器时代的"贾湖骨笛"等河南博物院的"九大镇院之宝"，以及作为背景出现的《簪花仕女

图》《捣练图》《千里江山图》等传世画作，令观众意犹未尽。

到了《端午奇妙游》，更是掀起了一股国际热潮。据郑州市文化广电和旅游局统计，端午假期河南郑州累计接待游客 506.5 万人次，同比增长 13.7%，实现旅游总收入 20.95 亿元，同比增长 38.7%。这一数据的背后，是河南文旅产业通过文化创新所释放出的巨大能量和吸引力。

此外，2022 年初的《风起洛阳》更是带火了整座洛阳城。洛阳借势《风起洛阳》实现了文旅和影视的"双向奔赴"，打造出了独属于洛阳的城市 IP。这一成功案例不仅为洛阳带来了巨大的流量和关注度，也为全省的文旅创新融合发展提供了宝贵的经验和路径。通过深度挖掘和创新呈现地方文化特色，河南文旅产业正在逐步实现从传统旅游向现代文旅产业的转型升级。

2.技术革新艺术：创新演绎铸就震撼效果

河南卫视推出的系列节目之所以能够成功出圈，其核心要素之一便是依托科技的赋能，对传统的文化演出形式进行了颠覆性的创新。无论是水中翩翩起舞的曼妙身姿，还是现实与虚拟交融的空中起舞，都充分展示了科技与艺术融合的无限可能。

以《七夕奇妙游》为例，该节目的总导演之一路红莉在采访中详细介绍了节目的拍摄过程。她提到节目被精心划分为三个板块：第一部分是在龙门石窟进行实景拍摄，捕捉其千年的历史沉淀与独特韵味；第二部分则在摄影棚里搭建蓝棚，利用 3D 建模和 360 度影像技术，重现龙门石窟奉先寺的壮丽景象，让观众仿佛置身于一个虚拟而又真实的佛教艺术殿堂；第三部分则是完全依托 AR 技术，打造出一种超越现实的视觉盛宴。路红莉直言，"AR 技术对于舞蹈本身的改变还是十分显著的。"正是这种将文化底蕴深厚的舞蹈内容与前沿科技手段相结合的创新表现形式，最终呈现出了令观众耳目一新的节目效果。

河南省社会科学院文学研究所副所长杨波对此也给予了高度评价。他认为，"虽然内容为王是公认的准则，但形式的包装同样不可或缺。《七夕奇妙游》将最能体现时代元素、最受年轻人喜爱的'三体'思维、穿越情节、飞天梦想等巧妙融入其中。既正本清源，传承了中华文化的精髓，又固本培元，注入了新的时代活力，达到了古今相得益彰的绝佳效果。"

　　这种创新的思维并不仅仅体现在河南卫视的节目中，更是渗透到河南各个文旅活动中。例如，在今年四月举办的中国（郑州）黄河文化月中，主办方巧妙利用全息影像技术，实现了人与屏幕的互动。歌手在高台上深情演唱，动漫形象"复活"舞动，国宝仿佛开口"说话"，虚拟演示沿黄九省（区）博物院的镇馆之宝，辅以动漫手段让沉睡千年的文物"活"了起来。这场精彩纷呈的沉浸式演艺体验，让观众仿佛穿越时空，感受中华文化的博大精深与独特魅力。

　　3.全方位宣传策略：创新出品模式与合作机制

　　2021年，河南省春晚的火爆程度，堪称现象级。节目在河南卫视及快手短视频App播出后，迅速引爆了网络，连续6天在快手、抖音、微博、哔哩哔哩、知乎等多个平台登上热搜，引发千万网友的热烈讨论，全网累计播放量超过了27亿次。

　　2021年2月10日，河南牛年春晚在快手端一开播，便迅速冲上了快手热搜榜第一名，直播结束后，观看量达到了900多万。在哔哩哔哩，视频播放量超过了1255.7万，收获了87.6万网友的点赞和收藏，连续霸榜热门，全站排行榜最高排名第5名。在抖音，其播放量达到了4.2亿次，主话题播放量超过了3.8亿次。据微博台网数据，河南牛年春晚的《唐宫夜宴》《天地之中》《白衣执甲》等节目在微博"2021年春晚最受欢迎的节目"评选中获得了116万网友的投票，稳居全国第一。仅在微博平台，河南春晚视频的观看次数就超过了20.4亿人次，相关话题阅读量累计超过25亿。

　　在媒介传播方面，河南采用了"年轻化＋大平台"的立体打法，形成了超级传播力。近年来，河南持续举办文旅行业大会，并与今日头条、快手、爱奇艺等社交传播平台开展了深度合作，规模创历史新高。同时，河南还充分利用省内资源，联动各地方政府和企业的积极性，形成了良好的合力效应。

　　除了河南卫视的自有传播平台，河南文旅还借助了强大的推广平台。2020年9月，河南广播电视台全媒体营销策划中心正式揭牌成立。中心的成立为河南卫视自有平台的内容生产和IP生产提供了有力的支持。结合国内顶尖的社交媒体平台以及官媒的流量,河南文旅的传播效应呈现出了几何级数的增长。

除了广受关注的大型线上平台,《人民日报》、新华社等官方平台也与河南文旅展开了充分合作,首次直播了"中国节日"系列节目。在合作过程中,《人民日报》通过微博、客户端、哔哩哔哩、微信等多个平台对该节目进行了多方位的宣传,充分展现了优质内容的强大生命力和吸引力。这次合作不仅完成了一次地方级媒体向中央级媒体的优质内容和品牌栏目的反向输出,更意味着河南卫视"中国节日"系列节目在传播半径、资源配置等方面从地方走向了全国乃至全球。同时,在出品模式和合作机制等方面,河南卫视也迈出了全国化的重要一步,为未来的文旅宣传和推广提供了宝贵的经验和借鉴。

(二)从文化到产品:流量变现与城市新形象的塑造

在文化创新的浪潮中,河南不仅通过河南卫视的各类文化节目大胆尝试、屡创佳绩,更在贴近民众的文化产品消费层面进行了周密布局。河南博物院作为展示中原文化的战略堡垒,凭借其深厚的文化底蕴和创新思维,成功孵化出一系列爆款线下文化产品,成为广大民众喜闻乐见的文化产品。

1.文博引领,文创先行

河南博物院作为中原文化的重要展示窗口,在《唐宫夜宴》节目走红后,敏锐地捕捉到这一文化现象背后的巨大潜力。其迅速推出了唐宫夜宴版仕女乐队系列的盲盒产品,这一创新之举不仅拉近了民众与历史文化的距离,更正式拉开了河南"文化复兴"的浪潮。

除了仕女乐队盲盒,河南博物院还匠心独运,推出了"考古盲盒"、古钱币巧克力、文物修复大师等一系列文创周边产品。这些产品以其新颖独特的设计理念和亲民的价格,迅速风靡全国,成为文化消费领域的新宠。特别是"考古盲盒",以其模拟考古发掘的过程,让游客在动手实践中感受到历史的魅力,进一步拉近了人们与历史文物的距离。

如今，河南的文创周边产品热度持续不减，唐宫夜宴 IP 更是联合手办、收藏玩具、汉服、游戏等行业头部企业，进行了一系列深度合作，开发出更多元化的文创产品。这些产品不仅满足了民众"线上种草，线下消费"的需求，还促进了景区的二次消费，为河南的文化旅游产业注入了新的活力。

值得一提的是，河南博物院文创产业从 2019 年开始起步，不到三年的时间里，就推出了 1000 多款产品，销售额突破了 4000 万。这一现象级的 IP 和一波又一波的"出圈"热潮，不仅彰显了河南文创产业的强大实力和创新能力，也推动河南文创产业步入了厚积薄发的阶段。可以预见，在未来的发展中，河南将继续发挥其文化底蕴深厚的优势，不断创新文创产品，为城市塑造新的文化形象，推动文化旅游产业的繁荣发展。

2.数字科技赋能，实现文旅产业升级改造

在传统文化的创造性转化和创新性发展成为时代命题的背景下，河南积极破题，将文旅文创融合战略作为"十大战略"之一，不断探索和实践新业态、新概念。近年来，数字博物馆、智慧文旅、创意设计美学空间等项目如雨后春笋般涌现，为河南的文旅产业注入了新的活力。

河南博物院作为中原文化的瑰宝，积极拥抱数字科技，通过短视频、虚拟展览等数字化方式探索新的表达方式，玩转新技术，推出了一系列新文创产品。这些创新举措不仅让传统文化以更加生动、直观的方式呈现在公众面前，也极大地提升了河南博物院的知名度和影响力。

在数字化展示方面，河南更是下足了功夫。25 台超清投影还原了隋唐洛阳城应天门的建设场景，让观众仿佛穿越时空，亲身体验那段辉煌的历史；3D 裸眼技术则让开封"城摞城"的奇观跃然眼前，令人叹为观止；许昌灞陵桥风景区通过数字化呈现，让游客足不出户就能体验到关公辞曹的历史场景，感受三国文化的魅力。

此外，河南还围绕"行走河南·读懂中国"品牌，推出了文明起源、四大古都、中国功夫、红色中原、考古发现等 16 条主题文化线路，并遴选出龙门石窟、殷墟、河南博物院、红旗渠、清明上河园、黄帝故里等首批百大标识项目。为了进一步提升这些项目的展示效果，河南向社会广发

"英雄帖"，公开征集数字化展示方案，力求通过创意驱动、科技赋能，让河南的古老文化焕发新的生机。

值得一提的是，河南博物院的文创数字藏品每次上线都迅速售罄，洛阳博物馆的"河洛之光"数字馆也吸引了大量游客前来体验。龙门石窟的全息天幕《无上龙门》更是火爆"出圈"，一票难求。这些数字化项目的成功，不仅证明了河南在文旅产业升级改造方面的实力和决心，也让河南的古老文化以更加现代、时尚的方式走向世界，站上时代潮头。

3.打造沉浸式"新业态"，引领文旅发展新方向

河南——这片历史文化底蕴深厚的土地，正深入挖掘其深厚的文化资源，不断丰富沉浸式文旅新业态，让游客在身临其境中感受中原文化的博大内涵、独特精神和无穷力量。集空间游玩、非遗体验、沉浸互动、古风歌舞演艺、文化社交休闲等为一体的新消费场景如雨后春笋般涌现，将厚重的历史文化融入沉浸式体验之中。

老君山作为河南的知名景区，凭借雪景带来的天然流量，开展了仙山花海节、山水汉服节、观海避暑节、冰雪雾凇节等120多个活动，并新增了攀岩、栾川博物馆研学项目、《知道·老君山》沉浸式演艺及多种文创产品等旅游服务供给。这些"新增量"不仅提升了游客的体验感，也助力老君山景区综合收入逆势上涨，2020年较2019年增长59%，2021年较上年又增长了15%。

沉浸式体验正逐渐成为各地文旅行业的"高频词"和发展新方向。洛阳，这座千年古都，提出在2025年基本建成全国沉浸式文旅目的地，并打造中国"剧本娱乐之都"。如今，占地2万平方米的剧本娱乐产业园已经建成，并向全国发出"招商令"，吸引着众多剧本娱乐行业的佼佼者前来投资兴业。

开封，同样作为郑汴洛国际文化旅游带上的重要节点，正以"宋潮新风，沉浸文旅"为抓手，打造宋都特色文商旅综合体，探索沉浸式文旅产业发展新道路。清明上河园，作为开封的标志性景区，以其生动的宋代市井生活场景和丰富的民俗活动，为游客营造了一场宋文化的深度体验之旅。

在郑州,《只有河南·戏剧幻城》以黄河文明为创作根基,运用沉浸式戏剧艺术手法,以全新的观演模式讲述关于"土地、粮食、传承"的故事,带给游客沉浸式的观感体验和立体观感的戏剧效果。

同时,洛阳的剧本娱乐行业也在不断创新发展,从早期局限于单一固定场馆的室内桌游,升级为与景区、博物馆、电影院、书店、旅行社等行业跨界融合的"剧本娱乐+文旅"发展新模式。在洛阳老城区"卡卡五号"推理馆,游客可以身着汉服,与真人扮演的服务型角色(NPC)互动寻宝解密,享受一场别开生面的剧本娱乐体验。

河南通过打造各类沉浸式"新业态",不仅丰富了游客的旅游体验,也引领了文旅发展的新方向,为河南的文旅产业注入了新的活力和动力。

4.营销创新:年轻化+大平台,铸就超级传播力

在文旅市场的激烈竞争中,河南不仅注重产品和内容的创新,更在营销传播方面大胆尝试新媒介资源并创新表达方式,成功将文化传扬与旅游宣传相结合,进一步开拓了文旅市场,从而打造地方文旅的爆款IP。

老君山景区是一个典型的案例。2020年,一句"远赴人间惊鸿宴,老君山上吃泡面"的网络热梗,让这座河南传统景区迅速走红。仅一年时间,景区里便涌入了大量慕名而来的游客,游客量同比增长了220%,周末时游客量甚至可达到最大承载量1万人。截至2023年新年第一天,单日游客量更突破1.8万,充分展现了其独特的魅力。老君山文旅集团常务副总经理杨佳厚曾表示,要想把网上的"流量"真正转换为"客流量",关键在于创增量,通过开拓新消费业态和新模式,为游客提供更高品质的文旅产品。

除了老君山,河南博物院也在营销创新方面做出了亮眼成绩。2021年国庆期间,河南博物院与支付宝合作推出了"一起考古吧"活动。借助支付宝地下室的内容运营能力和流量优势,这一活动在国庆期间吸引了超过3000万用户"在线考古"。15天内,累计超过500万用户访问了河南博物院的支付宝官方小程序,该小程序在国庆假期登上了支付宝景区行业小程序的收藏量冠军。这一合作不仅提升了河南博物院的知名度和影响力,也为文旅行业的营销创新提供了新的思路和方向。

河南通过年轻化、大平台的营销策略，成功铸就了超级传播力，让传统文化以更加新颖、有趣的方式走进年轻人的视野，也进一步推动了文旅市场的繁荣发展。未来，河南将继续探索更多创新的营销方式，为文旅产业注入新的活力，打造更多具有地方特色的文旅爆款IP。

5.项目为王，新景区新产品引领文旅升级

河南文旅资源异常丰富，文化底蕴之深厚无可比拟。然而，长期以来，河南文旅发展面临的一个主要问题就是产品结构相对低端，缺乏能够引领市场、带动周边共同发展的"超级文旅项目"。为了改变这一现状，近年来，河南不断加大文旅项目的投资力度，引进和培育了一批大型、高端的文旅项目。随着建业·华谊兄弟电影小镇、只有河南·戏剧幻城、银基动物王国等项目的相继落地，河南文旅市场焕发新活力。这些项目在省域范围内表现抢眼，不仅吸引了大量游客前来观光体验，也带动了周边地区的经济发展。

然而，将这些项目放在全国市场来看，与迪士尼、环球影城等"超级文旅项目"相比，还有很大的差距。这既是一种挑战，也是一种机遇。河南需要继续加大项目引进和培育力度，不断提升项目的品质和影响力，努力打造具有国际竞争力的文旅品牌。其中，"只有河南·戏剧幻城"作为中国首座全景式戏剧群落，无疑是河南文旅项目中的佼佼者。这部作品以厚重的中原文化为题材，打破了观众对于戏剧的固有认知，用高浓度、大体量、深体验的形式建构了戏剧幻城的品牌模式。它不仅为游客提供了一种全新的观剧体验，也为城市与演艺的深度融合树立了一个标杆。未来，河南将继续坚持"项目为王"的发展理念，不断推出新的文旅项目和产品，引领文旅产业的升级和发展。同时，河南也将注重项目的品质和影响力，努力打造更多具有国际竞争力的文旅品牌，为河南文旅产业的繁荣发展贡献更多力量。

根据《河南省"十四五"文化旅游融合发展规划》，到2035年，文化强省建设目标将全面实现，黄河文化、中原文化等中华优秀传统文化将迎来全面复兴。这一规划不仅旨在打造具有中原特色的中华文化超级IP，使其享誉世界，还明确提出了建成10个以上世界级文化旅游目的地、3—5

个全球创意城市和10个以上具有世界影响力的人文旅居乡村的具体目标。同时,"行走河南·读懂中国"这一文化旅游品牌形象也将广受国际认同,更好地满足人民群众的精神文化需求,使文旅文创成为高质量建设现代化河南的重要支点。

在"十四五"期间,河南将充分发挥洛阳、郑州、开封作为国家文化和旅游消费示范、试点城市的带动作用,致力于打造一批文化特色鲜明的旅游休闲城市和街区,计划创建2—3个国家级旅游休闲城市和3—5个国家级旅游休闲街区,同时推出100个省级旅游休闲街区。在全域旅游方面,河南将持续推进全域旅游示范区建设,新增50个省级全域旅游示范区,并特别推动大别山北麓地区建设省级全域旅游示范区,打造跨县级行政区域的全域旅游示范区创建样板。值得一提的是,河南还将以中国(河南)自由贸易试验区开封片区国家文化出口基地为依托,建设国家文化和金融合作示范区,并打造国家文化对外贸易基地。这些重要布局将进一步夯实河南文旅以点引爆、以区域深耕的产业布局,形成丰富、完善的度假区级的产业生态系统,为河南文旅产业的持续繁荣发展提供有力支撑。

(三)品牌升级,打造中华文化超级IP矩阵

随着一个个精彩纷呈的节目、项目、产品和商品的陆续落地,河南文旅的品牌形象逐渐变得立体、丰富而鲜明。这一品牌形象的塑造,并非偶然,而是源于《河南省"十四五"文化旅游融合发展规划》中的战略谋划和精神纲领。

该发展规划明确提出,要围绕"行走河南·读懂中国"这一品牌形象,大力实施中华文化超级IP工程,构建"4+8+N"中华文化超级IP矩阵。这一矩阵包括4个全球著名的文化IP、8个国际知名文化IP,以及19个全国一流文化IP,旨在通过打造一系列具有影响力的文化IP,提升河南文旅的文化内涵和影响力。值得注意的是,虽然我国每个省都有相关的发展规划,但河南在战略规划的落实上表现得更为坚决。这种难能可贵的精神,使得河南在文旅品牌建设上取得了显著成效。

未来，河南文旅人将持续围绕 IP 内容进行多样化创作，通过深入挖掘和传承中华优秀传统文化，结合现代科技和创新思维，打造出更多具有河南特色的文旅产品和商品。同时，河南还将积极加强与国内外文旅产业的交流与合作，全面提升旅游目的地的知名度和美誉度，为构建中华文化超级 IP 矩阵、铸就河南文旅新辉煌贡献更多力量。如图 3-1 至 3-3 所示。

| 以姓氏根亲为代表的"老家河南" | 以天下黄河为代表的"大河文明" | 以华夏古都为代表的"中国气象" | 以太极少林为代表的"中国功夫" |

图 3-1　4 个全球著名的文化 IP

| 造探寻中国文字的"甲骨文文化" | 彰显华夏之光的"仰韶文化" | 代表早期中国的"二里头文化" | 展示中国气象的"隋唐洛阳城文化" |
| 蕴含中华美学的"宋文化" | 感知中国时间的"二十四节气文化" | 凝练东方智慧的"道家思想文化" | 传达中国意境的"唐诗宋词文化" |

图 3-2　8 个国际知名文化 IP

依托古城、古镇、古关、古道等文化遗存，
伏牛山、太行山、大别山等自然景观，
红旗渠精神、大别山精神、焦裕禄精神、愚公移山精神等民族精神，
中国节日、中原美食、中原手作等生活方式进行挖掘。

图 3-3　19 个全国一流文化 IP

二、河南省数字文旅发展取得的成就

（一）智慧景区的建设取得显著成效

在数字化浪潮的推动下，河南省在数字文旅领域取得了令人瞩目的成就，尤其在智慧景区建设方面，其成效尤为显著。近年来，河南省积极响应国家关于推动文化和旅游产业数字化转型的号召，加大智慧景区建设力

度，致力于提升景区的智能化水平和服务质量。

就景区数量而言，截至 2024 年 12 月，河南省已有众多景区成功跻身智慧景区行列。这些景区通过引入先进的数字化技术和管理理念，实现了景区管理的智能化、信息化和高效化。其中，云台山景区凭借其出色的数字化创新服务，荣获了"2024 年度文旅数字化创新服务典范"这一殊荣，充分展现了河南省在智慧景区建设方面的卓越成果。

在游客体验提升方面，智慧景区的建设为游客提供了更便捷、舒适和个性化的旅游体验。以云台山景区为例，该景区通过智慧化手段，如智能导览、在线预订、虚拟现实等，显著提升了游客的满意度和重游率。据统计，云台山景区连续 4 年重游率保持在 25% 以上，这一数据充分说明了智慧景区建设对提升游客忠诚度和黏性的重要作用。同时，云台山景区还积极拓展线上宣传渠道，其官方自媒体平台粉丝量已超过 200 万人，在全国范围内的新媒体传播影响力排行榜中长期稳居前三名，进一步提升了景区的知名度和美誉度。这些成就不仅彰显了河南省在智慧景区建设方面的实力，也为全国其他景区提供了宝贵的经验和借鉴。

（二）文旅产品的数字化转型步伐加快

在河南省数字文旅的发展进程中，文旅产品的数字化转型无疑是一个亮点。近年来，河南省紧跟时代潮流，积极探索文旅产品与数字技术的深度融合，推出了一系列丰富多样的数字文旅产品，为游客提供了前所未有的旅游体验。

这些数字文旅产品涵盖多个领域，形式新颖、内容丰富。其中，《大宋·东京梦华》等文旅演艺精品 IP，以独特的艺术表现形式和深厚的文化底蕴，吸引了大量游客前来观赏。"穿越德化街"等项目，则通过数字化手段，让游客沉浸式感受历史文化的魅力。此外，"元豫宙"元宇宙空间的推出，更是为游客提供了一个虚拟与现实相融合的全新旅游场景，让游客在数字世界中畅游河南，体验别具一格的文旅魅力。

数字文旅产品的推出，不仅丰富了游客的旅游选择，还为河南省带来了显著的经济效益。以开封万岁山武侠城景区的实景演出"王婆说媒"为例，该演出凭借其独特的创意和精彩的表演，迅速在网络上走红，使景区的搜索热度环比上涨了700%，门票预订量也环比增长了200%。这一数据的背后，是数字文旅产品对游客吸引力的有力证明，也是河南省文旅产品数字化转型成功的重要体现。可以说，数字文旅产品的推出，不仅提升了游客的旅游体验，更为河南省的文旅产业注入了新的活力，推动了文旅经济的持续发展。

（三）数字文旅的消费市场蓬勃发展

近年来，河南省数字文旅消费市场呈现出蓬勃发展的态势，不仅游客接待量和旅游收入呈现增长趋势，消费结构也在不断优化，展现出数字文旅对文旅产业的强大拉动作用。

据河南省文化和旅游厅发布的权威数据，2023年全省接待游客数量达到了9.95亿人次，旅游收入则高达9645.6亿元，与往年相比实现了显著的增长。这一成绩的取得，数字文旅产品作为新兴的消费热点功不可没。这类产品以其独特的魅力、创新的形式和丰富的体验，吸引了大量游客前来体验，成为拉动文旅消费的重要力量。

与此同时，随着数字文旅产品的不断丰富和推广，河南省文旅消费结构也在发生着深刻的变化。游客对旅游产品的需求不再仅仅停留在传统的观光游览上，而是更加注重旅游产品的质量和个性化程度。他们渴望获得更加独特、更加深入的旅游体验，这对文旅产业提出了更高的要求。为了满足游客的这一需求，河南省文旅产业不断升级和发展，推出了一系列高质量、个性化的旅游产品和服务。这些产品和服务不仅满足了游客的多元化需求，也推动了文旅消费结构的优化和升级。

（四）数字文旅的品牌影响力不断增强

随着数字技术的广泛应用和文旅产业的深度融合，河南省数字文旅品牌影响力持续提升，展现出强大的生命力和竞争力。其中，"行走河南·读懂中国"这一文旅品牌，在数字文旅的赋能和推广下，已逐渐成长为具有高识别度、高传播度、高美誉度的国际知名文旅品牌。

"行走河南·读懂中国"品牌凭借其独特的文化内涵和深厚的历史底蕴，吸引了无数国内外游客的目光。通过数字文旅的手段，如虚拟现实、增强现实、在线互动等，该品牌将河南丰富的文旅资源以更加生动、直观的方式呈现给游客，让游客在数字世界中感受到河南的魅力。这种创新的呈现方式不仅提升了品牌的知名度，也增强了品牌的传播力和影响力。

同时，河南省多个景区和文旅项目在近年来举办的各类文旅盛典和评选中屡获殊荣，进一步彰显了河南省数字文旅品牌的实力和魅力。以"CUMTA 2024年度文旅盛典"为例，云台山、清明上河园等景区凭借其出色的表现，荣获"2024年度极具影响力的文旅目的地"奖项。这些奖项的获得，不仅是对河南省景区和文旅项目的高度认可，也是对河南省数字文旅品牌影响力持续提升的有力证明。

（五）数字文旅的技术创新取得丰硕的成果

近年来，河南省在数字文旅技术创新方面不断探索与实践，取得了丰硕的成果，为文旅产业的高质量发展注入了新的活力。

在技术创新项目方面，河南省涌现出了一批具有示范意义的优秀案例。其中，"龙门石窟流散文物数字化保护利用"项目凭借其创新的技术理念和应用实践，成功入选2024年文化和旅游数字化创新示范优秀案例。该项目通过数字化手段对龙门石窟流散文物进行保护、研究和利用，不仅为文物的保护提供了新的思路和方法，也为文旅产业的数字化转型提供了有益的探索和经验。

同时，河南省在数字文旅领域广泛应用了大数据、云计算、物联网、人工智能等新技术，这些技术为文旅产业的高质量发展提供了有力支撑。大数据技术的应用使得文旅企业能够更加精准地掌握市场需求和游客行为，为产品开发和市场营销提供科学依据；云计算技术的应用，提高了文旅信息化系统的处理能力和灵活性，降低了运维成本；物联网技术的应用实现了文旅资源的智能化管理和服务，提升了游客的体验感；人工智能技术的赋能则为文旅产业带来了更加智能化、个性化的服务体验，如智能导览、智能客服等。

第二节　河南省乡村振兴的推进情况与面临的挑战

一、河南省乡村振兴的推进情况

自党的十八大以来，河南省积极响应国家乡村振兴战略，实施了一系列重大政策举措，致力于推动乡村地区的全面发展。通过精准施策和持续攻坚，全省在脱贫攻坚方面取得了显著成效，53个贫困县全部实现脱贫摘帽，9484个贫困村顺利退出贫困行列，768.1万建档立卡农村贫困人口成功脱贫。这一成就不仅消除了乡村脱贫群众的物质贫困，更为乡村地区的长远发展奠定了坚实基础。

在脱贫攻坚取得决定性胜利的基础上，河南省持续推进乡村产业、基础设施和人居环境的全面提升。通过大力发展特色产业、优化农业产业结构，乡村产业得到了显著增强，为农民增收提供了有力支撑。同时，河南省不断加大基础设施投入，改善乡村交通、水利、电力等基础设施条件，提升了乡村地区的生产生活便利性。此外，还注重人居环境整治，改善乡村生态环境，提升乡村居住品质，使乡村面貌焕然一新。

从经济数据来看，2023年河南省全省地区生产总值（GDP）达到了59132.39亿元，同比增长4.1%。其中，第一产业增加值5360.15亿元，增长1.8%；第二产业增加值22175.27亿元，增长4.7%；第三产业增加值31596.98亿元，增长4.0%。这些数据表明，河南省经济整体保持稳健增长态势，但第一产业增加值相对较低，且增长率低于总产业水平，反映出农业产业在经济发展中的相对滞后性。

在固定资产投资方面，2023年全省固定资产投资比上年增长2.1%，但第一产业投资下降了19.7%。这一数据反映出，尽管河南省在整体固定资产投资上有所增长，但对农业产业的投资力度仍有待加强。农业作为国民经济的基础，其投资不足将制约乡村产业的持续发展和乡村振兴的深入推进。

从居民收入情况来看，2023年全省居民人均可支配收入为29933元，比上年增长6.1%。其中，城镇居民人均可支配收入40234元，增长4.5%；农村居民人均可支配收入20053元，增长7.3%。尽管农村居民收入增长率高于城镇居民，但在绝对数值上仍存在较大差距，城乡收入差距仍是河南省乡村振兴过程中需要重点关注和解决的问题之一。

综上所述，河南省在推进乡村振兴方面取得了明显成效，但仍存在一些挑战和问题。第一产业增加值相对较低、投资动力不足、城乡收入差距较大，以及产业就业体系不健全等问题制约了乡村振兴的进一步发展。因此，河南省需要继续加大政策扶持力度，优化农业产业结构，提升农业产业竞争力；同时加强基础设施建设，改善乡村人居环境；并注重农民增收渠道拓展和城乡融合发展，以全面推进乡村振兴的发展动力和活力。

二、河南省乡村振兴面临的挑战

（一）乡村地域广袤与差异性显著，乡村振兴模式难以统一化

河南省地域辽阔，下辖105个县（市）、1791个乡镇以及4.57万个行政村，这一庞大的乡村体系构成了乡村振兴的广阔舞台，同时也带来了前所未有的挑战。乡村之间在自然条件、地形特征、资源禀赋，以及经济基础等方面存在显著的差异性。这种多样性不仅体现在地理空间的分布上，还深刻影响着乡村的发展路径和模式选择。

具体而言，像刘庄、南街村、西辛庄等先进典型，在史来贺等模范人物的引领下，通过发展非农产业，已经率先实现了乡村振兴的初步目标。然而，这类成功案例在全省范围内的占比并不高，且其经验推广的效果并未如预期般理想，难以简单复制。另一方面，随着城市化进程的加速，部分城中村、城郊村凭借其独特的地理位置优势，通过接纳城市产业转移和

创新辐射，同样在非农产业领域取得了显著成效，实现了乡村振兴的阶段性目标。

此外，少数拥有丰富矿产资源的乡村曾一度依靠资源开发实现了产业繁荣和居民生活富裕。但值得注意的是，随着矿产资源治理整顿政策的实施，这类乡村的可持续发展面临严峻挑战，其振兴模式的可持续性受到质疑。与此同时，一些历史文化底蕴深厚或自然风光旖旎的乡村，凭借文化旅游产业的蓬勃发展，不仅实现了产业的兴旺，还促进了生态环境保护和居民生活水平的提升。

近年来，通过美丽乡村建设的深入推进，部分村庄在生态环境、乡风文明以及社会治理等方面取得了显著成效，为乡村振兴奠定了坚实基础。然而，对于大多数一般性乡村而言，由于其既不具备矿产资源、旅游资源等优势，也缺乏英模人物的引领和带动，在乡村振兴的道路上显得尤为艰难，远未达到乡村振兴战略所设定的目标要求。这些乡村无疑是未来乡村振兴工作的重点和难点所在。

尤为值得关注的是，"三山一滩"等地区的乡村，尽管已经实现了脱贫目标，但由于其发展条件相对较差，返贫风险依然较高，成为乡村振兴过程中最为艰巨的任务之一。综上所述，河南省不同地域类型的乡村在实现乡村振兴的路径、程度，以及时间等方面均将呈现出显著的差异性，这无疑对乡村振兴战略的制定和实施提出了更高要求。

（二）农业资源紧张与生产效率低下，农民增收面临严峻挑战

我国人多地少的基本国情，在河南省体现得尤为突出。目前，我国人均耕地面积为1.35亩，而河南省的人均耕地面积更是略低，仅为1.27亩。以4口之家为标准进行测算，户均耕地面积仅略超过5亩。即便在现有技术条件下，亩均土地产出已达到最大化，但仅凭耕地种植所获得的收入仍然十分有限，难以满足农民持续增收的需求。

中原经济发展研究院组织的"百县千村"人口流动与数据库建设项目，通过整村调查获取了翔实的数据。数据显示，每年每亩地的种粮纯收入波

动在 700—1200 元之间。若以 4 口之家户均 5 亩耕地计算，户均年农业纯收入仅为 3500—6000 元，人均年农业收入则仅为 875—1500 元。这一收入水平显然难以支撑农民的基本生活开销，更遑论实现富裕。

相较于纯种粮，种植瓜果蔬菜等经济作物虽然能够带来更高的收入，但经济作物市场价格波动较大，种植风险也相对较高。调查数据显示，以种植蔬菜或经营瓜果大棚为例，在扣除搭建大棚成本、生产资料及雇工投入成本后，市场情况较好的年份，平均每年每亩纯收入可达到 1 万至 2 万元，远高于种粮食的收入。然而，由于经济作物市场供需关系敏感，价格波动大，收入并不稳定。一旦市场出现波动，农民可能会遭受较大的经济损失。

随着农村剩余劳动力向非农业的转移，农村土地流转趋势日益明显。然而，就河南省总体情况来看，土地流转仍存在不规范的问题，流转形成的农业规模化种植占比仍然较低。多数农户仍然选择农业种植与非农就业兼业的方式，农业生产方式仍以分散的家庭小农生产为主。这种生产方式不仅限制了农业生产效率的提升，也制约了农民收入的增加。

因此，在现有的人均土地占有量下，农业劳动效率只能维持在较低的水平上。仅靠农业收入，农民难以实现富裕，甚至连最为基本的生活都难以保障。若要使农民通过农业种植获取与非农劳动大体上相同水平的收入，人均耕地需要增加数十倍，这显然是一个难以实现的目标。因此，河南省农业人多地少、土地规模化程度低、生产效率和比较收益低的问题，成为农民持续增收面临的一大挑战。

（三）县域非农产业特色缺失、集聚度低与产业融合度弱

河南省作为拥有 105 个县域单元的农业大省，其中包括 20 个县级市和 85 个县，其县域经济发展状况却不容乐观。在 2019 年全国综合实力百强县市的榜单中，河南省仅有 6 个县域上榜，这凸显出大部分县域经济社会发展水平相对较低的现状。尤为突出的是，这些县域的非农产业发展特色不鲜明，集聚发展水平低，且多处于产业价值链的低端位置。

非农产业的发展往往需要依托规模效益，即规模越大，成本越低，效益越高。然而，河南省作为农业大省，其大多数县域的农业占比仍然较大，非农产业发展相对滞后。这种滞后不仅体现在产业规模的狭小上，更体现在产业特色的缺失和集聚度的低下上。由于缺乏明显的产业特色和有效的产业集聚，这些县域的非农产业难以形成强大的竞争力，吸引和带动就业的能力也相对较弱。

城市化水平的低下与农村剩余劳动力的大量外流形成了恶性循环。根据《河南省统计年鉴（2019）》公布的数据，全省县域中仅有中牟、新郑和临颍3个县域的常住人口超过户籍人口，其余102个县域均呈现人口外流状态。其中农业大县，如固始、淮阳、太康、上蔡、沈丘、郸城、鹿邑等，人口外流甚至超过了总人口的1/3。这种大规模的人口外流不仅加剧了县域经济的萧条，也进一步削弱了非农产业的发展基础。

中原经济发展研究院组织的"百县千村"整村调查数据（2018—2019）为我们提供了更为直观的证据。数据显示，外出务工人员选择在本县县城务工的占比仅为15%（2019年调查的17个村庄外出务工在本县县城的占比为12.95%，2018年调查的15个村为17.62%）。这一数据从侧面反映了河南省县域内非农产业发展的滞后性，以及其对农村剩余劳动力就近转移就业的吸引力不足。城市化水平的低下和质量差，不仅使得农民人均耕地增加的难度加大，也导致了农业农村人口的减少速度缓慢。因此，如何破解县域非农产业发展的特色缺失、集聚度低与产业融合度弱的问题，成为河南省推动乡村振兴和县域经济发展的重要课题。

（四）农民对土地依赖性强，半城镇化现象显著，农户进城转移"不彻底"

随着工业化、城镇化的加速推进，农村剩余劳动力向城市转移并从事非农劳动以获取更高收入，已成为一种普遍的社会现象。依据"百县千村"整村实地调查的数据，当前河南省内大多数农村家庭的非农收入已占据总收入的80%以上，这充分显示了非农劳动对农民收入的重要贡献。

随着收入水平的稳步提升,越来越多的农户选择在城市购置房产,农村房屋的闲置现象也日益凸显。2019年的调研数据显示,农户平均进城买房比例约占20%,部分农村地区的进城购房比例甚至超过了50%,而农村房屋的平均闲置率也超过了10%。这一数据反映了农民在城市与农村之间的双重居住状态,以及农村房屋资源的利用效率低下。

然而,当被问及是否愿意转让自有宅基地或耕地使用权,完全退出农村时,几乎所有农户都表示拒绝。深入探究其原因,主要在于大多数外出务工的农民对工作的稳定性和持续的务工收入缺乏信心。城市生活成本高昂,生活压力较大,使得他们不愿轻易放弃具有"生活保障"功能的土地。在他们看来,土地不仅是生产资料,更是生活的基本保障和退路。即便当前不直接依赖于土地生存,未来也可能因各种原因需要重新依靠土地。

此外,当前农村的耕地及宅基地变现价值相对较低,转让所获得的收入远远不足以支撑在城市生活的需要。这也是农户不愿彻底退出农村的一个重要原因。因此,在相当长的一段时期内,多数农户都会对具有"生活保障"功能的土地产生强烈的依赖感,不愿意彻底放弃农村,从而形成了明显的半城镇化现象。这种现象不仅影响了农村土地资源的有效利用,也对城镇化进程和乡村振兴战略的实施构成了一定的挑战。

(五)农村公共服务体系薄弱,城乡均等化实现难度大,财政压力沉重

在河南省乡村振兴的深入推进过程中,农村公共服务水平低下的问题日益凸显,成为制约乡村全面振兴的重要瓶颈。长期以来,由于历史、经济、地理等多重因素的交织影响,农村地区的公共基础设施和公共服务供给始终处于相对匮乏的状态。无论是从供给的绝对数量,还是从服务的质量与效率来看,农村地区都显著落后于城市地区,这一现状也是国家层面持续强调并推动城乡公共服务均等化政策出台的主要动因。

农村公共服务供给不足且质量参差不齐,其根源在于多方面因素的共同作用,其中公共服务供给的效率问题尤为关键。公共服务的供给成本及

其效率在很大程度上受到享受服务人群规模及集聚程度的影响。一般而言，当享受公共服务的人群规模越大、集聚程度越高时，由于规模效应的显现，每个人所需分担的成本就相对较低。然而，农村地区的人口居住状况却呈现出高度分散的特点，且随着城镇化进程的加速，大量农村人口正持续向城市转移。这一趋势导致农村地区的公共服务需求进一步分散，且在部分农村地区，由于人口外流严重，公共服务的实际需求可能并不高。

从长远发展的角度来看，在一般农村地区盲目投入大量公共基础设施和公共服务资源，可能会因需求不足而造成资源的浪费。同时，这种无差别的投入也会给地方财政带来沉重的负担，尤其是在当前地方财政收入有限、支出压力增大的背景下，如何合理高效地使用有限的财政资源，成为亟待解决的问题。

因此，在推进城乡公共服务均等化的过程中，应摒弃单纯依靠在农村地区加大公共服务投入的传统思路。相反，应充分考虑城乡人口流动和集聚的实际情况，加大城市公共服务供给力度，提升城市公共服务的包容性和可及性。通过优化城市公共服务体系，吸引更多农村人口进城定居并享受高水平的公共服务，从而实现城乡公共服务的实质性均等化，为河南省乡村振兴战略的全面实施提供有力支撑。

（六）农村市场化程度低，城乡资源要素双向流通机制尚未健全

近年来，随着我国经济社会发展的不断加速，城乡之间的要素流动日益频繁，规模也呈现出持续扩大的趋势。我们必须清醒地认识到，城乡二元体制这一根本性障碍并未得到彻底根除，要素流动过程中仍面临着诸多阻力和挑战。从市场经济的角度来看，当前要素流动主要表现为从农村向城市的单向流动，而城镇要素向农村的流动则显得相对不畅，这进一步加剧了城乡二元结构的固化。

一方面，长期以来，我们一直在强调资本下乡、技术下乡、人才下乡的重要性，并积极鼓励返乡创业，以期通过引入外部资源要素来激活农村经济的内在活力。然而，实际效果却并不尽如人意。深入剖析其原因，发

现农村市场化程度低是一个重要的制约因素。农村地区的市场体系尚不完善，基础条件相对较差，存在着诸多不确定性因素，这使得流向农村的资源要素需要承担较高的成本和风险。另一方面，从资源配置的效率和收益角度来看，同等的资源要素投向城镇通常比投向农村更能够产生显著的聚集效应，从而获得更高的收益。这是因为在市场经济条件下，市场在资源配置中起着决定性作用，要素自然会倾向于流向那些能够产生更高回报的地区。在这种情况下，城市由于其相对优越的发展条件和更高的预期收益，自然成为要素流动的首选目的地。

因此，要破解城乡资源要素流动不畅的难题，推动城乡二元结构的消除，就必须着力提升农村的市场化程度，改善农村的基础条件，降低资源要素流向农村的成本和风险。同时，还需要通过政策引导和市场机制相结合的方式，激励和引导更多的资源要素向农村流动，促进城乡资源要素的双向流通和优化配置，为河南省乡村振兴战略的深入实施提供有力支撑。

（七）农村基层环境复杂，思想观念比较保守，乡村基层治理体系亟待改革与完善

农村作为经济社会发展的基层单元，长期以来一直处于相对落后的地位。这种长期的经济社会底层状态，加之传统思想观念的深远影响，使得农村基层在民主意识、公共治理观念等方面存在诸多不足。大部分村民对于农村基层民主、公共治理等问题的关注度不高，政治参与意识和治理主体意识相对薄弱。他们往往对与自身利益不直接相关的公共事务表现出漠不关心的态度，缺乏主动参与和积极贡献的精神。

同时，部分村民的文化知识水平较低，接受新事物的能力相对较弱，法治意识淡薄，而"人情意识"较为浓厚。这种思想观念上的保守和滞后，不仅影响了村民对现代治理理念的接受和认同，也在一定程度上制约了农村基层治理体系的完善和发展。

此外，部分乡镇干部在服务意识、工作方式等方面也存在一定问题。他们往往倾向于使用行政手段来处理问题，直接发号施令，缺乏与村民的

沟通和协商，导致乡村基层治理工作与乡村振兴的实际需要存在脱节。这种治理方式不仅难以赢得村民的信任和支持，也难以有效推动农村基层治理体系的规范和完善。

因此，要推动乡村基层治理体系的深化改革与规范完善，就必须从多方面入手。一方面，要加强农村基层民主建设，提高村民的政治参与意识和治理主体意识，引导他们积极参与公共事务的管理和决策。另一方面，要加强农村文化教育和法治宣传，提高村民的文化知识水平和法治意识，培养他们的现代治理理念。同时，还要加强乡镇干部的培训和管理，提高他们的服务意识和工作能力，使他们能够更好地适应乡村振兴的需要，从而推动乡村基层治理体系的不断完善和发展。

三、河南省乡村振兴的路径和措施

（一）秉持实事求是原则，实施分类指导，稳步推进

乡村振兴并非意味着所有乡村同步或就地实现全面振兴，而是需根据各乡村的实际情况，采取差异化的策略。鉴于不同区域类型的农村在自然条件、发展基础及资源禀赋上存在显著差异，因此在实施乡村振兴战略时，必须因地制宜，制订符合当地实际的方案。具体而言，应以产业兴旺为核心评判标准，深入剖析各乡村的振兴潜力，实事求是地判断哪些村庄具备振兴条件，哪些村庄面临较大困难，并遵循先易后难、循序渐进的原则，实施分类施策。

对于城中村、城郊村以及拥有丰富资源、邻近旅游景点或非农产业发展基础较好的村庄，应充分利用其区位优势和特色资源，推动一、二、三产业的融合发展，加速非农产业的转型升级，从而率先实现产业兴旺和乡村振兴的目标。

农产品主产区，作为小麦、玉米等大宗农产品的主要生产基地，为国家粮食安全作出了重要贡献。这类地区的村庄通常远离城市，且大部分耕地已被划为永久基本农田。因此，重新工业化或发展休闲农业和乡

村旅游的条件有限。在此背景下，应遵循产业决定居住的原则，在保障农民基本生活的基础上，鼓励和支持农民外出务工，引导他们在城镇购房，减少在农村的建房行为。同时，通过大规模转移农村人口，加大对农业规模化种植的财政补贴力度，以提高农业的规模化、产业化水平和农民收入。

重点生态区的主要功能和优势在于提供生态产品。因此，应建立农业产业负面清单制度，在确保生态功能得到充分发挥的同时，依托当地的生态资源和历史文化资源优势，有序发展游憩休闲、健康养生、生态教育以及传统工艺等环境友好型产业，推动农业实现转型升级。对于山区、滩区等贫困地区，应在保障农民基本生活的前提下，着重实施迁出式扶贫策略，将农民迁往城市郊区等非农产业发展条件较好的地方，通过非农就业增加收入，从而实现迁出地的振兴。

（二）优化土地流转机制，提升农业劳动生产率，实现农业现代化与城镇化的深度融合

在河南省乡村振兴的宏伟蓝图中，加速土地流转、提高农业劳动生产率，并将农业现代化与城镇化紧密结合起来，是破解当前农业发展瓶颈、推动农村经济转型升级的重要举措。为实现这一目标，需从多维度入手，构建一套系统而高效的实施路径。

提升农业劳动生产率的核心在于有效引导农村剩余劳动力向城镇的有序转移与稳定就业。这一过程中，不仅要注重减少农村人口以缓解人地矛盾，更要通过加快土地流转步伐，促进土地资源的集中与规模化经营。具体而言，应鼓励和支持农业走向规模化、标准化、现代化的发展道路，将农业现代化进程与城镇化的推进形成良性互动，实现二者间的深度融合与协同发展。

在实施策略上，一方面，政府需充分发挥其引导与调控作用，建立健全土地流转市场，并制定规范、透明的土地流转程序。这要求政府不仅要推动农民从传统的口头承诺转向签订正式的土地流转合同，以法律形式保

障双方权益，还要通过土地流转市场的规范化运作，促进农业适度规模经营的形成与发展。同时，政府应整合现有各类支农资金，优化资金配置，重点加大对种粮大户、家庭农场、农民合作社、农业企业等规模化市场经营主体的政策与资金支持力度，为其发展提供坚实的资金保障。

另一方面，为鼓励农民积极向城镇转移并落户，政府应出台一系列具有吸引力的支持政策。这些政策应涵盖就业、教育、医疗、住房等多个方面，以全面保障进城农民的基本生活需求。同时，健全城镇社会保障体系，确保进城农民能够享受到与城镇居民同等的公共服务与福利待遇。通过这一系列措施的实施，旨在减轻乃至逐步消除进城农民对农村承包地和宅基地的过度依赖，促使其尽快完成由兼业经营向专业经营的转变，由农民身份向市民身份的过渡。

（三）促进非农产业集聚发展，实现乡村产业融合与县域产业转型升级的有机结合

加快县域非农产业的发展，不仅是推动农村人口向城市转移的关键举措，也是促进产业兴旺、持续增加农民收入、让更多农民走向富裕的重要途径。因此，在实施乡村振兴战略的过程中，必须全面规划县域非农产业的发展蓝图，针对不同县域的产业发展基础、区位条件、资源禀赋等特异性因素，科学制定"一县一品"的产业发展总体战略。

遵循产城互动、集聚发展、产业融合、转型升级的原则，政府应集中力量培育具有特色优势的产业集群，不断提升非农产业或其产品在全国乃至全球产业链中的竞争力。在此过程中，要紧密围绕特色产业，推进县域内第一、二、三产业的深度融合，重点在城市区域、产业集聚区以及具备非农产业发展基础的乡镇，集聚发展非农产业，从而持续增强县域经济的综合实力和竞争力。

具体而言，传统农业大县应充分发挥自身优势，大力发展畜牧、蔬菜、果品等特色种养业及特色农产品加工业，同时积极培育农业的新业态、新模式，以拓宽农民增收渠道；矿产资源丰富的县则应注重产业的多元化发

展和产业链条的延伸拓展，加大创新投入力度，推动实现绿色转型发展；旅游资源较为丰富的县则应注重保护和合理利用自然和人文旅游资源，加强旅游配套设施建设，促进资源优势有效转化为经济优势；而中心城市周边的县则应按照中心城市的功能分区规划，明确县域产业发展的重点方向，积极推进与中心城市的产业对接、设施互通、服务共享，形成与中心城市功能相协调、产业分工相适应的产业发展格局。

（四）探索进城农民有偿退出土地的制度框架，鼓励农民家庭整体城镇化

乡村振兴战略的深入实施，与农业现代化、城镇化的进程紧密相连、相互促进。然而，在推进农业现代化和加快城镇化的过程中，农民对土地的强烈依赖性成为一大障碍。为了有效破解这一难题，实施乡村振兴战略必须着眼于逐步弱化进城农民对土地的依赖，积极探索并建立进城农民有偿退出土地的体制机制，以鼓励农民举家进城落户，促进农民家庭的整体城镇化。这一制度框架的构建应围绕以下几个方面展开。

其一，在延长耕地承包期的基础上，应明确并巩固农户的初始土地权益，承认其永续承包权。这一权益的确认应与农村集体成员的身份脱钩，使农民在自由迁徙的前提下仍能永久保有承包权，并通过土地的自由流转持续获取相应的经济收益。这样，农民在进城落户后，仍能保留其土地权益，从而减轻其对土地的直接依赖。

其二，对于农户的宅基地权益，也应在现有确权的基础上承认其永久化。与耕地权益类似，宅基地权益也应与建立在村庄户籍基础上的集体成员身份脱钩，允许农民在自由迁徙的条件下转让变现。这一举措将赋予农民更多的财产处置权，使其能够在进城落户时更加灵活地处理其宅基地资产。

其三，为了进一步鼓励农民进城落户，应尝试建立进城农民的宅基地退出机制。对于愿意将农村宅基地交回集体的农民，政府应给予其在进城购房、就业、生活等方面的适当补贴。这些补贴可以包括购房优惠、就业

培训、生活补助等多种形式,以切实减轻农民进城落户的经济负担,提高其进城的积极性和主动性。

(五)强化城市公共服务体系建设,健全进城农民平等享有城市公共服务的制度保障

城乡之间的基础设施和公共服务差距,是构成城乡整体差距的重要维度。由于规模经济效益的显著差异,农村地区在基础设施和公共服务方面往往表现出水平低、质量差的特点;城市则相对具备较高的基础设施和公共服务水平。为了实现城乡公共服务的均等化,首要任务在于加大对城市公共服务的投入力度,进一步提升城市公共服务水平,并在此基础上完善进城农民同等、高质量享受城市公共服务的体制机制。

在具体实施策略上,应调整以往财政资源主要向农村公共服务倾斜的投入政策,转而根据人口集聚规模来决定公共服务供给的规模,将新增的公共服务资源更多地投向人口密集的城市地区。这一调整旨在顺应城镇化趋势,满足城市日益增长的公共服务需求,同时确保进城农民能够享受到与城市居民同等的公共服务。

为此,需要制定一系列明确、具体的政策,确保进城农民能够公平、无差别地享受城市公共服务。这些政策应涵盖教育、医疗、社保、就业等多个方面,确保进城农民在城市的各个方面都能得到与城市居民相同的待遇。同时,应加大财政资金在这方面的倾斜力度,为政策的实施提供充足的资金保障。

在住房政策方面,应实行统一的住房保障政策,将农民工"新市民"全面纳入公租房、廉租房政策的覆盖范围。对于暂时无法获得固定居所的城市稳定常住就业人口,应给予房租补贴,以减轻其住房负担,提高其在城市生活的稳定性和幸福感。

（六）破除城乡要素流动障碍，确立市场机制在城乡资源配置中的决定性地位

城乡要素双向流动的不畅，是制约乡村振兴战略深入实施的一大瓶颈。为了有效破解这一难题，必须通过深化改革，尽快消除城乡二元体制，打通城乡要素自由流动的通道，充分激活城乡各类要素的潜能，推动城乡要素实现自由流动和平等交换，从而确立市场在资源配置中的决定性作用。

首先，着力完善城乡统一的建设用地市场。这一市场的建立和完善应以农村土地确权登记颁证为基础，依托农村土地产权信息数据库，以确立农村要素市场主体地位为核心着力点。通过这一系列的举措，构建起城乡统一、主体平等、产权明晰、合理有序的建设用地市场体系。在这个体系中，市场机制应发挥主导作用，引导土地价格的形成，确保更多的土地增值收益能够留在农村，切实保障农民对土地增值收益的享有权。

其次，要建立城乡统一的劳动力市场。这要求全面消除对农村进城务工人员就业的各种限制性、歧视性规定，构建一个开放透明、公平竞争、统一规范的劳动力市场环境。同时，应简化人口登记制度，使农村进城务工人员能够享受到与当地居民同等的公共服务。此外，还应推行居住证制度，用居住证制度替代现行的户籍制度，为劳动力在城乡之间的自由流动提供畅通渠道。

最后，要健全农村金融服务体系。政策性农业银行应加大对农业现代化过程中重大技术突破与结构转型的支持力度，发挥其在农村金融市场中的引导作用。同时，应积极培育和发展农村资本市场，降低农村和农业发展的融资成本，为乡村振兴和农业农村发展提供有力的金融支持。这包括完善农村信贷体系、拓展农村金融服务范围、创新农村金融产品与服务模式等，以全面提升农村金融市场的服务能力和水平。

（七）强化乡村基层党组织建设，助推乡村治理体系和治理能力现代化进程

乡村治理作为国家治理体系不可或缺的一环，其重要性不言而喻。农村基层党组织，作为乡村治理体系的核心，更是实施乡村振兴战略的根本基石。中央已明确提出，要构建以农村基层党组织为核心，自治、法治、德治"三治结合"的现代乡村社会治理体系，并建立健全党委领导、政府负责、社会协同、公众参与、法治保障的现代乡村社会治理体制，以此推动乡村组织振兴，打造充满活力、和谐有序的善治乡村。

首先，为实现这一目标，我们需增强农村基层党组织的为民服务意识，确保村民能够共享改革发展的成果，从而吸引他们积极参与村务合作与共治。为此，必须加强村干部的教育培养工作，加大选拔培养力度，激发他们的办事动力，并全面提升党员干部在乡村治理中的综合能力。

其次，我们需要完善相关制度，明确乡镇治理与村民自治的关系。具体而言，要明确乡镇政府治理的权责范围，规范其行政行为，确保乡镇政府治理与村民自治能够良性发展。同时，要理顺乡镇政府与村委会之间的指导与被指导关系，通过推进基层民主，促进农村和谐，并形成村民常态化的民主参与机制。

最后，我们必须坚持多方参与的原则，创新乡镇服务农民的方式。这要求我们优化乡镇政府的乡村社会治理理念与路径，积极引导多方力量参与进来，共同构建政府、企业、社会组织、居民等多元主体参与的现代化乡村社会治理体系。通过这样的方式，我们可以更好地汇聚各方智慧和力量，共同推动乡村治理体系与治理能力的现代化进程。

第三节　河南省数字文旅与乡村振兴的初步融合实践

一、数字文旅产业的转型升级与智慧平台建设

在数字化转型的浪潮中，河南省数字文旅产业迎来了前所未有的发展机遇与挑战。近年来，河南省积极响应国家推动文化产业和旅游产业数字化转型的号召，深入探索数字文旅领域的发展路径，致力于实现文旅产业的全面数字化转型与升级。这一过程不仅体现了河南省对新时代文旅产业发展趋势的深刻洞察，也彰显了其在推动文旅产业创新变革方面的坚定决心。

在此过程中，河南省充分发挥数字技术的优势，积极构建起一套完善且高效的智慧文旅平台体系，为文旅产业的创新发展提供了坚实的技术支撑和保障。这一平台体系以数字化、智能化为核心，通过整合各类文旅资源，实现了文旅信息的互联互通和共享共用。其中，"一机游河南、一图览文旅、一键管行业"省级智慧文旅平台的成功建立，无疑是河南省在智慧文旅建设方面取得的一项重大成果。该平台通过集成旅游信息查询、线路规划、门票预订、酒店住宿、交通出行等多项功能，为游客提供了一站式、全方位的旅游服务体验。同时，平台还利用大数据、云计算等先进技术，对文旅数据进行深度挖掘和分析，为文旅企业的精准营销和科学管理提供了有力支持，极大地提升了游客的旅游体验和文旅服务的智能化水平。

除了省级智慧文旅平台外，河南省还积极探索文旅产业的新模式、新业态，率先打造了国内首个文旅元宇宙空间——"元豫宙"。这一创新举措不仅展示了河南省在数字文旅领域的前瞻性思维和创新能力，也为游客带来了一种全新的、沉浸式的文旅体验方式。通过运用数字技术对老君山等10余个知名文旅 IP 进行高保真复刻，河南省成功地将传统文化与现代科技

相融合，为文旅产业注入了新的活力。此外，河南省还高度重视智慧旅游沉浸式体验新空间的建设。"只有河南·戏剧幻城"、《飞越清明上河图》球幕影院等项目的相继推出，使河南省的旅游业取得了显著成效。这种融合不仅让游客能够在虚拟世界中感受传统文化的魅力，也进一步拓展了文旅产业的边界和可能性。

二、数字文旅推动文旅产业快速增长

随着数字技术的不断发展和普及，数字文旅已成为推动文旅产业快速增长的重要引擎。在数字文旅的强力推动下，河南省的文旅产业迎来了前所未有的发展机遇，实现了显著且持续的增长。

据统计数据显示，2023年，河南省全省接待游客数量高达9.95亿人次，旅游收入达9645.6亿元。与2022年同期相比，游客数量增长了228.2%，旅游收入增长了305.2%。这组数据，充分彰显了数字文旅对文旅产业的深度赋能和全面革新效果。

数字文旅的快速发展，得益于数字技术在文旅产业中的广泛应用和深度融合。通过运用大数据、云计算、人工智能等先进技术，河南省不仅提升了文旅产品的供给质量，使其更加符合游客的多元化和个性化需求，还拓宽了文旅产业的传播渠道，使得文旅产品能够更加精准、高效地触达目标受众。这种精准化的营销和传播方式，极大地提高了文旅产品的市场竞争力和影响力，从而实现了文旅产业的跨越式发展。

此外，数字文旅的快速发展还为河南省带来了显著的经济效益。随着游客数量的不断增长和旅游收入的持续攀升，河南省的文旅产业已成为推动地区经济增长的重要支柱。同时，数字文旅的发展也提升了河南省的知名度和美誉度。通过数字技术的助力，河南省成功地将丰富的文旅资源转化为具有市场竞争力的文旅产品，吸引了大量游客前来观光旅游。这些游客在体验河南独特文化魅力的同时，也将河南的美好形象传播到更广阔的地域，进一步推动了河南省文旅产业的繁荣发展。

三、智慧旅游沉浸式体验新空间的培育与提升

在数字文旅的强劲推动下,河南省文旅产业的吸引力和竞争力实现了质的飞跃。为持续满足游客日益增长的多元化、个性化旅游需求,河南省积极响应国家关于推动智慧旅游发展的号召,积极推动智慧旅游沉浸式体验新空间的建设与培育。

在这一进程中,"只有河南·戏剧幻城"、《飞越清明上河图》球幕影院等项目凭借独特的创意构思、先进的技术手段和丰富的文化内涵,脱颖而出,成功入选全国首批智慧旅游沉浸式体验新空间培育试点名单。这些新空间不仅展示了河南省在智慧旅游领域的创新成果,也为游客提供了前所未有的旅游体验选择。

"只有河南·戏剧幻城"通过运用先进的数字技术,将河南丰富的历史文化资源以戏剧的形式呈现给游客,使游客在观赏戏剧的过程中,能够身临其境地感受到河南的历史变迁和文化魅力。同时,《飞越清明上河图》球幕影院则利用球幕投影技术,动态还原了北宋名画《清明上河图》的市井风貌,让游客仿佛穿越时空,置身繁华的北宋都城之中。

这些新空间不仅为游客提供了更加丰富多样的旅游选择,更通过数字技术的巧妙运用,展示了河南省深厚的文化底蕴和独特的旅游资源。沉浸式体验的方式,使游客能够更加深入地了解河南的历史文化,感受河南的独特魅力。这种深度的文化体验,不仅增强了游客对河南省文旅产业的认同感和归属感,也进一步提升了河南省文旅产业的品牌形象和市场竞争力。未来,河南省将继续加大智慧旅游沉浸式体验新空间的培育力度,不断提升新空间的创意水平和技术含量,为游客提供更加优质、独特的旅游体验,助推河南省文旅产业持续健康发展。

四、数字文旅与乡村振兴的深度融合

在乡村振兴战略的大背景下,河南省创新性地将数字文旅作为推动乡村振兴的重要引擎和有力抓手,通过深度融合文旅产业与农业、农村、农民,探索出了一条具有河南特色的乡村振兴之路。

河南省充分发挥乡村旅游在乡村振兴中的独特作用,积极推动乡村康养旅游示范村创建工作。通过严格评定标准和程序,河南省评定了第二批共195个乡村康养旅游示范村,这些示范村不仅自然风光秀丽、生态环境优美,而且文化底蕴深厚、民俗风情独特。它们为游客提供了丰富多样的乡村旅游体验,如田园观光、农事体验、民宿住宿等,让游客在享受乡村宁静与美好的同时,也深刻感受到乡村文化的魅力。这些示范村的发展,不仅提升了乡村旅游的品质和水平,也有力地带动了当地经济的发展和农民收入的增加,为乡村振兴提供了坚实的产业支撑。

与此同时,河南省还充分利用电商平台等数字渠道,拓宽特色农产品的销售渠道和市场空间。通过线上线下的有机结合,河南省将特色农产品与文旅产业紧密结合,成功打造出一批兼具地方特色和文化内涵的文旅农产品品牌。这些品牌农产品不仅品质优良、口感独特,而且蕴含着丰富的文化内涵和故事,受到了广大消费者的喜爱和追捧,更通过品牌化的运作和营销,成功提高了农产品的附加值和市场竞争力,进一步增加了农民的收入水平和生活质量。

数字技术还能够为乡村生态资源展示搭建全新平台。通过高清摄影、虚拟现实、全景视频等手段,乡村的青山绿水、田园风光、珍稀动植物等生态景观得以全方位、立体式呈现给全球观众,给游客营造沉浸式、互动式旅游体验,从而提高游客的满意度。此外,数字文旅与乡村振兴的深度融合还促进了乡村文化的传承与创新。在发展过程中,河南省注重挖掘和保护乡村传统文化,通过数字化手段将乡村文化元素融入文旅产品和农产品中,让游客在消费过程中感受乡村文化的独特魅力。同时,河南省还鼓励和支持乡村地区开展文化创新活动，推动乡村文化与现代科技、时尚元素等相融合，打造出更具吸引力和竞争力的文旅农产品品牌，为乡村振兴注入了新的动力和活力。

五、乡村优秀传统文化资源的数字化保护与利用

在数字文旅与乡村振兴深度融合的过程中，河南省高度重视乡村优秀传统文化资源的挖掘与保护，积极探索数字化保护与利用的新路径，以实现文化遗产的永续传承和可持续发展。

针对龙门石窟等具有极高历史、文化和艺术价值的文化遗产，河南省充分利用数字技术进行了全面的数字化保护和利用。通过高精度扫描、三维建模、虚拟现实等先进技术，对文化遗产进行数字化记录和再现，确保了文化遗产信息的完整性和准确性。这种数字化保护方式不仅有助于文化遗产的实体保存与修复，还能够打破时间和空间的限制，让更多人通过数字平台了解和欣赏这些珍贵的文化遗产。这种数字化的传播方式，极大地增强了公众对传统文化的认同感和自豪感，促进了传统文化的传承与弘扬。

除了对文化遗产的数字化保护，河南省还积极推动非遗助力乡村振兴工作，将非遗文化与乡村振兴紧密结合。通过认定一批具有地方特色和市场潜力的非遗工坊，为非遗传承人提供了展示和传承非遗文化的平台，同时也为当地农民提供了就业机会和收入来源。据统计，河南省已认定非遗工坊212家，带动就业1.3万人，这一举措有效地推动了乡村经济的多元化发展，增强了乡村的自我发展能力。

非遗工坊的建立，不仅让非遗文化得到了活态传承，也让乡村地区的文化资源得到了有效利用。工坊内的非遗产品，如手工艺品、传统美食等，成为乡村旅游的特色商品，吸引了大量游客前来购买和体验。这种将非遗文化与乡村旅游相结合的方式，既丰富了乡村旅游的文化内涵，又显著提升了非遗产品的市场价值和影响力。

河南省在数字文旅与乡村振兴的交融发展方面取得了显著成效。这些成果不仅彰显了经济层面的强劲增长动力，更在文化传承、社会进步、生

态保护等多个层面，生动展现了乡村振兴的无限活力和广阔前景。

在经济层面，数字文旅的蓬勃发展极大地促进了乡村旅游经济的崛起，为农村地区带来了新的经济增长点和就业机会，有效提升了农民的收入水平和生活质量。同时，通过数字平台的推广和营销，乡村的特色农产品和非遗文化产品得以走向更广阔的市场，进一步增强了乡村经济的竞争力和可持续发展能力。

在文化层面，数字文旅与乡村振兴的深度融合，有力推动了乡村优秀传统文化的传承与创新。数字化技术的应用，让更多人能够便捷地了解和欣赏到乡村的文化遗产和非遗技艺，增强了公众对传统文化的认同感和自豪感。同时，乡村文化的繁荣也为乡村旅游增添了独特的魅力，吸引了更多游客前来体验乡村的文化韵味。

在社会层面，数字文旅与乡村振兴的融合发展，促进了乡村社会的和谐稳定与全面发展。随着乡村旅游的兴起，乡村的基础设施和公共服务设施得到了不断完善，提升了乡村居民的生活品质和幸福感。同时，乡村旅游的发展也促进了城乡之间的交流与融合，增强了乡村社会的开放性和包容性。

在生态层面，河南省在推动数字文旅与乡村振兴的过程中，始终坚持绿色发展理念，注重生态保护和环境治理。通过发展生态旅游等绿色产业，实现了经济发展与生态保护的良性循环，为乡村的可持续发展奠定了坚实基础。

展望未来，河南省将继续深化数字文旅与乡村振兴的融合发展，不断创新和探索新的发展模式。依托数字技术优势，进一步提升乡村旅游的品质和水平，推动乡村文化的繁荣与发展，促进乡村经济的多元化和可持续发展。同时，还加强城乡之间的合作与交流，推动城乡融合发展，为构建新发展格局、推动高质量发展作出新的更大贡献。

第四章　河南省数字文旅与乡村振兴协调发展的机制

第一节　河南省数字文旅对乡村振兴的驱动作用

一、河南省数字文旅引领乡村产业创新升级进程

随着经济社会的不断演进与发展，乡村产业结构正步入一场前所未有的深刻变革之中。在传统模式下，乡村产业主要依赖于种植业和养殖业，这些产业处于产业发展的初级阶段，具有发展模式相对单一、附加值较低的特点。然而，在数字化转型的浪潮推动下，乡村产业开始逐渐转型，迈向了以乡村休闲旅游、创意农业、乡村传统工艺等为核心的高级发展阶段，从而构建起了现代农业与现代服务业相互交融、相互促动的全新发展格局。

在这一转型与升级的关键时期，数字文旅凭借其独特的优势发挥了举足轻重的驱动作用。数字文旅，作为数字化、网络化、智能化技术在文旅领域的改造和集成应用，为乡村传统产业提供了前所未有的升级契机与广阔的发展空间。

一方面，数字文旅技术为乡村产业提供了坚实而强大的技术支持。在乡村旅游资源的开发环节，数字文旅技术使得资源的挖掘、整合与规划变得更科学、更高效。通过运用遥感技术、地理信息系统（GIS）等先进手段，可以对乡村旅游资源进行精准定位与全面梳理，为后续的开发工作奠

定坚实基础。在乡村旅游的管理方面，数字文旅技术实现了管理手段的智能化与信息化。例如，通过建立乡村旅游智慧管理系统，可以实时监测旅游景区的游客流量、环境质量等关键指标，为管理决策提供及时、准确的数据支持。在乡村旅游的营销环节，数字文旅技术更是发挥了举足轻重的作用。利用大数据、云计算等技术手段，可以深入剖析游客的消费需求、偏好与行为模式，从而定制出具有个性化的旅游产品，极大地提升了游客的旅游体验。这种精准化的营销策略不仅吸引了更多游客前来乡村旅游，还有效带动了乡村经济的蓬勃发展。

另一方面，数字文旅也为乡村产业拓展了全新的发展思路与路径。它打破了传统文旅产业的固有边界，将文化、旅游、农业、传统工艺等多个元素有机融合在一起，形成了独具魅力与特色的乡村文旅新业态。这种新业态不仅极大地丰富了乡村旅游的产品体系，使游客在乡村旅游过程中能够享受更加多元化、个性化的旅游服务；同时，它显著提升了乡村旅游的文化内涵与附加值，使乡村旅游成为一种具有深厚文化底蕴和独特魅力的旅游形式。这种新业态的涌现，为乡村产业带来了新的增长点与发展动力，推动了乡村产业的持续创新与升级。

二、河南省数字文旅促进乡村文化活化传承

数字文旅作为新兴产业的代表，其影响力已远远超出了经济范畴，对乡村文化的保护与传承亦发挥着不可小觑的作用。乡村文化作为中国传统文化宝库中的瑰宝，不仅是乡村振兴的宝贵资源，更是其深厚的文化根基。数字文旅凭借其独特的优势，为乡村文化的活化传承开辟了新的路径。

一方面，数字文旅通过深度挖掘乡村文化资源，精心开发文化旅游产品，显著提升了乡村文化的底蕴和知名度。它将乡村文化与乡村旅游巧妙融合，使得乡村文化在旅游活动中得以生动展现，从而增强了乡村文化的传播力和影响力。具体而言，数字技术的运用为这一融合提供了无限可能。例如，利用VR等数字技术，可以开发出虚拟游览系统，让游客即便身处异地，也能通过数字设备身临其境地感受到乡村文化的独特魅力。此外，

通过举办各类文化主题活动，如文化节、民俗展示等，更是让游客在亲身体验中深刻领悟到乡村文化的内涵与特色。这些举措不仅有力地促进了乡村旅游业的发展，更在潜移默化中让更多人了解并爱上了乡村文化，从而进一步加大了对乡村文化的保护和传承力度。

另一方面，数字文旅还通过数字化手段，对乡村文化遗产进行了有效的传承与保护。乡村文化遗产作为乡村文化的核心组成部分，是乡村振兴不可或缺的重要资源。数字化手段的运用，为乡村文化遗产的保护提供了全新的解决方案。通过数字化的拍摄、存储和展示等技术，可以将乡村文化遗产以数字化的形式保存下来，确保其不会因时间的流逝而消失。同时，数字化手段还赋予了乡村文化遗产新的生命力。通过数字化展示和虚拟实境等方式，可以让更多人跨越时空的限制，深入了解乡村文化遗产的历史渊源、文化内涵和独特特点，从而极大地提高了乡村文化的传承力度。

三、河南省数字文旅增加乡村就业岗位

数字文旅蕴含着巨大的发展潜力，为乡村创业与就业注入了前所未有的新动力，有效拓宽了乡村居民的就业渠道。

首先，数字文旅产业为乡村创业提供了丰富的机会和广阔的平台。随着数字文旅行业的蓬勃发展，一系列新颖的商业模式和商业机会应运而生。这些新模式不仅促进了当地民宿、农家乐、特色餐饮、手工艺品等传统乡村产业的转型升级，更使它们得以跨越地域限制，被更多消费者所熟知和喜爱。对于怀揣创业梦想的乡村居民而言，这无疑是一个将闲置资源转化为商业价值、增加收入来源、提高生活水平的绝佳机遇。他们可以利用自家的闲置房屋开设特色民宿，或者将传统手工艺与现代设计相结合，打造出独具特色的文创产品，通过数字平台销往全国各地，甚至走向世界。

其次，数字文旅产业为乡村就业提供了更多岗位选择。数字文旅产业的繁荣发展需要各类人才的支撑，从设计师、策划师到营销师、客服等，

这些职业岗位不仅要求具备专业的技术能力，更需要对乡村文化和生活方式有深入了解和独特见解。这为乡村居民提供了多样化就业选择，使他们能够根据自身兴趣和专长，在数字文旅产业中找到适合自己的位置。同时，这些岗位的设置也促进了乡村人才结构的优化，提升了乡村居民的整体素质和技能水平。

最后，数字文旅产业还为乡村人才培养提供了更优越的平台和机会。随着数字文旅产业的不断发展壮大，对人才的需求也日益旺盛。为了满足这一需求，数字文旅产业积极为乡村居民提供学习和培训的机会，帮助他们提高自身素质和技能水平。通过参加各种培训课程和实践活动，乡村居民可以学习到先进的数字技术和管理理念，提升自身专业素养和创新能力，为自身职业发展奠定坚实的基础。同时，这些培训和实践活动也为乡村居民提供了更多的交流和合作机会，使他们能够拓宽视野、增长见识，为乡村的振兴和发展贡献自己的力量。

四、河南省数字文旅提升乡村生态品质

数字文旅在推动乡村振兴的进程中，不仅为乡村旅游带来了前所未有的发展机遇，更在深层次上促进了乡村生态品质的全面提升，为乡村的可持续发展奠定了坚实基础。

（一）智慧景区建设

智慧景区作为数字文旅与乡村生态融合创新的典范，正成为提升乡村生态品质的重要载体。在智慧景区的构建过程中，数字技术的广泛应用使得景区管理实现了智能化、服务趋向于个性化，为乡村旅游的生态化发展开辟了新路径。

具体而言，智慧旅游系统的建设为景区管理带来了革命性的变革。通过智能导览系统，游客可以根据自身兴趣爱好和身体状况，灵活定制个性化的游览路线。这种定制化的服务不仅满足了游客的多元化需求，还有效

减少了游客在景区内的盲目行走和滞留现象，从而显著降低了对生态环境的压力和破坏。游客可以更加有序、高效地游览景区，在享受大自然美景的同时，维护生态环境的完整性。

此外，智慧景区还充分利用人脸识别、移动支付等先进技术手段，对入园流程进行了全面优化。游客可以通过手机App或自助设备快速完成入园手续，无需长时间排队等待，显著提高了游览效率。这种便捷、高效的入园体验不仅提升了游客的满意度，还有效缓解了景区在高峰时段的拥堵问题，为游客创造了一个更加舒适、宁静的旅游环境。

（二）乡村电商发展

乡村电商作为数字文旅的重要组成部分，正逐渐成为提升乡村生态品质的关键路径。通过搭建乡村旅游电商平台，不仅实现了乡村旅游资源的有效整合，还为游客提供了便捷、高效的一站式服务体验，同时促进了乡村产业的多元化发展，为乡村生态品质的提升注入了新的活力。

乡村旅游电商平台的搭建，为游客提供了极大的便利。游客可以通过平台轻松完成在线预订、支付、评价等全流程服务，无需再为烦琐的旅游手续而烦恼。这种便捷的服务方式不仅提升了游客的旅游体验，还激发了他们对乡村旅游的热情，进一步推动了乡村旅游的发展。

同时，乡村旅游电商平台也为乡村民宿、农家乐、手工艺品等提供了广阔的销售渠道。乡村民宿和农家乐可以通过平台展示自身特色和优势，吸引更多游客前来体验。手工艺品则可以通过平台走向更广阔的市场，让更多人欣赏到乡村的独特魅力。这种销售渠道的拓展，不仅促进了乡村产业的多元化发展，还为乡村居民提供了更多的就业机会和收入来源。

此外，乡村旅游电商平台还具有收集游客反馈的重要功能。通过平台，游客可以对旅游体验进行评价和反馈，为乡村旅游产品的优化升级提供宝贵的建议。这些反馈可以帮助乡村旅游经营者更好地了解游客的需求，从而不断调整和优化旅游产品，推动乡村旅游向更加环保、可持续的方向发展。

（三）数字技术应用

数字技术以其独特的优势在乡村生态品质提升中发挥着不可或缺的作用。通过一系列创新应用，数字技术不仅为乡村生态保护提供了科学依据，还极大地提升了乡村治理的智能化、精细化水平，为乡村生态品质的全面提升提供了有力支撑。

在生态保护方面，无人机航拍监测技术的运用堪称典范。无人机凭借其高空视角和灵活机动的特点，能够全面、快速地获取乡村生态状况的第一手资料。通过航拍监测，我们可以清晰地看到乡村的植被覆盖、水土流失、环境污染等情况，为生态保护工作提供翔实、准确的数据支持。这些数据不仅有助于我们全面了解乡村生态现状，还能为制定科学合理的生态保护措施提供科学依据，确保生态保护工作的针对性和有效性。

在乡村治理方面，数字技术的应用同样功不可没。智慧党建、智慧安防等系统的引入，极大地提升了乡村治理的智能化、精细化水平。智慧党建系统通过数字化手段，实现了党建信息的快速传递和党员管理的便捷高效，增强了党组织的凝聚力。智慧安防系统则通过视频监控、人脸识别等技术，对乡村的治安状况进行实时监控和预警，有效预防了各类违法犯罪行为的发生，为乡村居民提供了更加安全、稳定的生活环境。

此外，数字技术还可以应用于乡村的农业生产、文化旅游等多个领域，推动乡村产业的转型升级和生态品质的全面提升。例如，通过智能农业技术，我们可以实现农作物的精准种植和管理，提高农业生产的效率和效益；通过数字文化旅游技术，我们可以将乡村的文化旅游资源进行数字化展示和推广，吸引更多游客前来体验乡村的独特魅力。

五、河南省以数字文旅助力乡村社会治理现代化

乡村治理作为乡村振兴战略的核心环节，其现代化进程对于推动乡村全面振兴具有至关重要的意义。数字文旅凭借大数据、人工智能、物联网等先进技术手段，正逐步成为提升乡村治理能力、弥补城乡"数据鸿沟"、解决群众"急难愁盼"问题的有力抓手，为乡村治理水平的现代化作出了积极贡献。

首先，数字文旅显著提高了乡村的信息化水平，加速了信息化基础设施的建设与升级。通过数字文旅的推动，乡村地区得以加快各类基础设施的数字化改造，如智慧路灯的普及、智能物流体系的构建等，这些都为乡村治理提供了更加智能、高效的技术支撑。同时，互联网技术和大数据技术的应用，使得乡村治理能够基于实时、准确的数据进行分析和决策，如环境污染的实时监测、居民生活质量的全面了解等，这极大地提高了乡村治理的科学性、精准性和效率性。

其次，数字文旅推进了智慧乡村的建设，进一步提升了乡村治理水平。数字文旅通过数字化手段，实现了乡村信息资源的共享与整合，推动了乡村信息化和智慧化的深入发展。例如，数字化农业智能平台的建立，使农业生产实现信息化管理和智能化控制，提高了农业生产的效率和效益；数字化社区服务中心的设立，则为乡村居民提供了更加便捷、高效的社会服务和公共服务，显著提升了乡村居民的生活质量和幸福感。

最后，数字文旅加强了社会组织建设，促进了乡村治理的民主化和规范化。通过推进数字化社区建设，数字文旅搭建起了数字化社区组织平台，为乡村社区自治和民主管理提供了更加便捷、高效的途径。乡村居民可以通过这一平台更加积极地参与到乡村治理中来，表达自己的意见和建议，共同决策乡村事务，这既增强了乡村居民的归属感和责任感，也提升了乡村治理的民主化和规范化水平。

综上所述，河南省数字文旅在助力乡村社会治理现代化方面发挥着重要

作用。它不仅提高了乡村的信息化水平，推进了智慧乡村的建设，还加强了社会组织建设，促进了乡村治理的民主化和规范化。这些举措的实施，为乡村治理水平的现代化提供了有力支撑，也为乡村全面振兴注入了新的活力。

第二节　河南省乡村振兴为数字文旅提供的发展机遇

一、河南省乡村全面振兴优化数字文旅的发展环境

随着河南省乡村振兴战略的深入实施，乡村全面振兴为数字文旅产业的发展提供了前所未有的机遇，并显著优化了其发展环境。作为中华文明的重要发祥地与核心区域之一，河南省坐拥得天独厚的历史文化旅游资源。在全面推进乡村振兴的背景下，乡村地区的基础设施建设得到了显著加强，特别是数字基础设施的建设，包括5G网络、大数据中心、云计算平台等，为数字文旅产业的发展奠定了坚实的基础。

首先，乡村全面振兴推动了交通、通信等基础设施的完善，使得乡村地区的可达性和便捷性大幅提升。这不仅为游客前往乡村地区旅游提供了便利，也为数字文旅产品的传播和推广提供了更广阔的空间。例如，通过高速互联网，乡村地区的文化旅游资源和数字文旅产品可以更加便捷地触达全国乃至全球的潜在游客。

其次，乡村全面振兴促进了乡村地区经济结构的调整和升级，为数字文旅产业的发展提供了更加多元化的市场需求。随着乡村地区居民收入水平的提高和消费观念的转变，他们对文化旅游产品的需求也日益多样化、个性化。这促使数字文旅产业不断创新产品和服务模式，以满足市场的新需求。

最后，乡村全面振兴还加强了乡村地区与城市地区的联系和互动，为数字文旅产业的跨界融合提供了更多可能性。例如，通过数字技术的应用，可以实现乡村地区与城市地区文化旅游资源的共享和互补，推动城乡文化旅游产业的一体化发展。

二、河南省乡村全面振兴反哺数字文旅经济与产品

河南省乡村全面振兴不仅为数字文旅产业提供了良好的发展环境，还通过促进乡村地区经济的繁荣和居民收入的提高，反哺了数字文旅经济与产品的发展。

首先，乡村全面振兴带动了乡村地区文化旅游产业的快速发展，为数字文旅产业提供了丰富的资源和素材。乡村地区独特的自然风光、民俗文化、传统手工艺等元素，成为数字文旅产品创新的重要源泉。例如，通过数字化技术，可以将乡村地区的民俗活动、传统手工艺等转化为具有吸引力的数字文旅产品，吸引更多游客前来体验和消费。

其次，乡村全面振兴促进了乡村地区居民收入水平的提高和消费能力的提升，为数字文旅产业的发展提供了更加广阔的市场空间。随着乡村地区居民收入水平的提高，他们对文化旅游产品的需求也日益增长，特别是对高品质、个性化的数字文旅产品的需求更加旺盛。这促使数字文旅产业不断创新产品和服务模式，以满足市场的新需求，从而推动数字文旅经济与产品的持续健康发展。

最后，乡村全面振兴还促进了乡村地区与数字文旅产业的互动融合，推动了数字文旅产业在乡村地区的深度布局和发展。例如，通过数字技术的应用，既可以实现乡村地区文化旅游资源的数字化展示和传播，提升乡村地区文化旅游产业的知名度与影响力，又能推动数字文旅产业在乡村地区的落地生根，为乡村地区经济的繁荣和居民收入的提高作出积极贡献。

综上所述，河南省乡村全面振兴为数字文旅产业的发展提供了良好的发展环境和广阔的市场空间，同时也通过促进乡村地区经济的繁荣和居民收入的提高，反哺了数字文旅经济与产品的发展。未来，随着乡村振兴战略的深入实施和数字技术的不断创新应用，数字文旅产业将在乡村地区迎来更加广阔的发展前景。

第三节　河南省数字文旅与乡村振兴协调发展互利共赢

在数字经济蓬勃发展的时代背景下，数字文旅与乡村振兴的协调发展已成为推动乡村经济社会全面进步的重要路径。这一融合趋势不仅为传统旅游业插上了科技的翅膀，更为乡村振兴战略的实施提供了强有力的支撑。

数字文旅这一新兴业态不仅能够提升旅游体验，还能促进文化传承与创新，为乡村旅游注入新的活力。从乡村振兴的角度来看，数字文旅的兴起为乡村经济多元化发展、乡村文化软实力提升，以及城乡融合发展新格局的实现提供了前所未有的机遇。

数字文旅与乡村振兴的协调发展，体现在对乡村旅游市场的拓宽和创新上。通过互联网平台，乡村的自然风光、民俗文化、特色美食等资源得以跨越地域限制，呈现在全球游客面前。这种跨越地域限制的传播方式，不仅吸引了大量游客前来体验，还促进了乡村旅游产品的线上销售，为乡村经济带来了实实在在的收益。同时，数字文旅促进了乡村旅游产品的创新升级。借助 AR、VR 等技术，游客可以在虚拟空间中感受乡村的历史变迁、农耕文化，甚至参与互动体验，如虚拟种植、采摘等，极大地丰富了乡村旅游的内涵与趣味性。

在乡村文旅的深度转型方面，数字技术的应用同样发挥了关键作用。通过物联网、大数据等技术，景区得以实现智能化管理和个性化服务。例如，智能导览系统可以根据游客的个人兴趣定制游览路线，人脸识别和移动支付等技术则简化了入园流程，提升了游览效率。此外，数字文旅还促进了乡村旅游电商平台的搭建，通过整合乡村旅游资源，提供在线预订、支付、评价等一站式服务。这不仅能够方便游客，还能为乡村民宿、农家乐、手工艺品等提供销售渠道，促进乡村产业多元化发展。

数字文旅与乡村振兴的协调发展，还体现在对乡村文化的挖掘、包装和传播上。每个乡村都有其独特的文化基因和故事，通过数字技术进行挖掘、包装和传播，可以形成具有市场竞争力的文化 IP。例如，通过动画、微电影等形式讲述乡村传说、历史故事；通过直播带货推广乡村特色农产品，这些都能有效提升乡村文化的传播力和影响力，增强游客的文化认同感和归属感。

此外，数字文旅的发展还能促进乡村治理的智能化、精细化水平。智慧党建、智慧安防等数字化治理工具的应用，可有效提升乡村治理的效率和质量。同时，数字文旅的发展还能促进乡村居民信息素养的提升，增强他们参与社会治理的意识和能力，推动乡村社会和谐稳定发展。

然而，数字文旅与乡村振兴的协调发展并非一蹴而就，也面临着诸多挑战，包括基础设施薄弱、专业人才匮乏、资金投入不足等问题。针对这些问题，政府应出台更多优惠政策，鼓励社会资本投入数字文旅项目，同时加强对乡村基础设施建设的投入。此外，还应通过校企合作、职业培训等方式，培养一批既懂旅游又懂数字技术的复合型人才，为数字文旅与乡村振兴的协调发展提供有力的人才保障。

综上所述，数字文旅与乡村振兴的协调发展是一个互利共赢的过程。通过数字技术的赋能，乡村旅游不仅能够实现转型升级，还能成为推动乡村经济多元化发展、提升乡村文化软实力、促进城乡融合发展的重要力量。未来，随着数字技术的不断发展和应用，数字文旅将在乡村振兴中发挥更加重要的作用，为构建美丽中国贡献力量。

第五章　河南省数字文旅与乡村振兴协调发展的案例

第一节　洛阳市数字文旅与乡村振兴的融合实践

一、洛阳市数字文旅赋能乡村振兴

（一）数字文旅创新体验模式，助力提升乡村整体吸引力

在数字化转型的大潮中，洛阳市积极探索数字文旅与乡村振兴的深度融合，通过一系列创新举措，有效提升了乡村的吸引力和竞争力。洛阳市充分利用数字技术的优势，精心打造了一系列具有沉浸式体验的文旅项目，为乡村旅游注入了新的活力。

洛阳市推出的"风起洛阳"虚拟现实全感剧场，以其独特的虚拟现实技术，为游客营造出身临其境的历史文化体验。通过佩戴 VR 设备，游客仿佛穿越时空，亲身经历了洛阳古都的辉煌岁月，深刻感受到了洛阳深厚的历史文化底蕴。此外，沉浸式数字光影演艺《寻迹洛神赋》也是数字技术赋能文旅的杰出代表。该项目运用增强现实等先进技术，将洛神赋这一经典文学作品以全新的形式呈现在游客面前，使游客在欣赏演艺的过程中，既能领略到传统文化的魅力，又能感受到数字技术的神奇力量。

值得一提的是，洛阳无上龙门沉浸体验馆作为数字技术赋能文旅的又一典型案例，其创新性和影响力不容忽视。该体验馆巧妙运用了 5D 投影

等前沿科技手段，为游客打造了一个全方位、多感官的沉浸式体验空间。游客在这里不仅可以近距离观赏到龙门石窟的精美雕刻，还能通过互动体验，深刻感受到龙门石窟千年文化的独特韵味。这种创新的文旅体验模式，不仅丰富了乡村旅游的文化内涵，还提升了游客的参与度和满意度，进一步增强了乡村旅游的吸引力。洛阳的旅游吸引力，为其乡村旅游发展吸引来大量的人流、物流、信息流，以数字文旅助推乡村旅游产业复兴和文化振兴，进而带动乡村生态、人才、组织全面复兴。

（二）推动智慧旅游，全面提升乡村服务效能与管理水平

在数字化转型的浪潮中，洛阳市紧跟时代步伐，积极推动智慧旅游的发展，以此提高乡村服务效能，为乡村振兴注入新的活力。洛阳市依托先进的大数据技术，成功建立了旅游大数据多级综合业务云平台，这一平台的建立为洛阳市旅游产业的智能化管理提供了有力支撑。

该平台通过实时监测市内各大景区的数据信息，能够精准掌握重点景区的实时客流量、游客停留时长等关键指标。这些数据不仅为旅游管理部门提供了决策依据，还有助于旅游企业及时调整经营策略，满足市场需求。同时，平台还能将收集到的海量旅游数据进行整合、分析和研判，形成有价值的旅游信息报告，为旅游产业上下游企业和终端消费者提供全面、准确的信息化服务。

在智慧旅游的推动下，洛阳市基本实现了全市 A 级旅游景区的在线预订、快速入园、智能导游等综合服务能力。游客可以通过手机 App 或官方网站轻松完成门票预订，无需排队等待，大大节省了时间。入园时，通过智能识别系统，游客可以快速通过检票口，进入景区游玩。此外，智能导游系统还能为游客提供个性化的导览服务，根据游客的兴趣和需求，推荐最佳游览路线和景点介绍。

同时，洛阳市还建立了实时客流监测分析、舆情监测和游客咨询投诉及时处理机制。通过实时客流监测分析，旅游管理部门可以及时了解景区客流情况，有效预防游客拥堵，确保游客的游览体验。舆情监测则有助于及时发现和处理游客对景区的负面评价，维护景区的良好形象。游客咨询

投诉及时处理机制则确保了游客在遇到问题时能够及时得到帮助和解决，从而提升游客的满意度和信任度。

二、洛阳市数字文旅与乡村振兴的深度融合

（一）农文旅深度融合，多元化拓宽农民增收渠道

在乡村振兴战略背景下，洛阳市积极探索农文旅融合发展的新模式，将农业、文化与旅游三大产业有机结合，形成相互促进、共同发展的良好局面。伊滨区作为洛阳市城郊型乡村的典型代表，充分发挥其区位优势，牢固树立富民导向，明确提出了"打造成洛阳后花园和近郊游目的地"的发展目标。

为实现这一目标，伊滨区积极推动农业观光、生态采摘、亲子乐园等产业的融合发展。通过科学规划和合理布局，该区成功打造了一个集农业观光、生态采摘、亲子乐园为一体的万亩产业园。这个产业园不仅展示了现代农业的魅力，还提供了丰富多样的旅游体验项目，满足了游客对乡村旅游的多元化需求。

在数字文旅的赋能下，伊滨区的乡村产业项目焕发出了新的生机与活力。数字技术的应用使得这些项目更加具有吸引力和竞争力。例如，通过智能导览系统，游客可以方便地了解产业园的各个景点和特色项目；通过在线预订系统，游客可以提前预约采摘时间和亲子乐园的游玩项目，避免了现场排队等待的烦恼。这些数字化服务不仅提升了游客的旅游体验，还吸引了大量游客前来消费。

随着游客数量的不断增加，伊滨区的乡村产业项目也迎来了新的发展机遇。农民通过参与这些产业项目，不仅获得了丰厚的经济收益，还拓宽了增收渠道。例如，农民可以将自家的农产品直接销售给游客，或者通过开设农家乐、民宿等方式提供旅游服务，从而增加收入来源。这些多元化的增收路径不仅提高了农民的经济水平，还激发了他们参与乡村振兴的积极性和创造力。

（二）深度挖掘乡村特色资源，精心打造数字文旅品牌形象

洛阳市不仅拥有丰富的历史文化资源，还蕴藏着众多独具特色的乡村资源。这些乡村特色资源，如汝阳县的"汝阳红薯"、洛宁县的苹果、新安县的樱桃等，不仅是当地农民赖以生存的主要经济来源，也是洛阳市乡村旅游的独特魅力所在。

在数字文旅的赋能下，洛阳市的这些乡村特色资源得到了前所未有的挖掘与展示。通过数字化手段，如建立农产品电商平台、制作乡村特色资源宣传视频、开展线上营销活动等，这些原本只在当地小有名气的特色农产品，如今已经走向了更广阔的市场，吸引了众多消费者的关注。

同时，洛阳市还注重打造具有地方特色的数字文旅品牌。乡村节庆活动作为展示乡村文化、提升乡村知名度的重要途径，得到了洛阳市各级政府和旅游部门的高度重视。通过举办丰富多彩的乡村节庆活动，如红薯文化节、苹果采摘节、樱桃观赏节等，洛阳市成功地将乡村特色资源与旅游活动相结合，为游客提供了独特的乡村旅游体验。

此外，洛阳市还积极推广乡村美食，将乡村的特色美食作为吸引游客的一大亮点。通过数字平台宣传乡村美食的制作过程、文化背景和独特风味，洛阳市成功地将乡村美食打造成为一张张亮丽的名片，吸引了众多食客前来品尝。

这些举措不仅提升了洛阳市乡村的知名度和影响力，还极大地促进了乡村旅游的发展。越来越多的游客被洛阳市的乡村特色资源和数字文旅品牌所吸引，从而前来体验和消费，为乡村经济注入了新的活力。

三、洛阳市数字文旅与乡村振兴的融合实践成效

洛阳市在数字文旅与乡村振兴的融合实践中，积极探索、勇于创新，取得了令人瞩目的显著成效。数字文旅的赋能，为洛阳市的乡村旅游产业

插上了腾飞的翅膀,不仅推动了乡村经济的快速提升,同时也为农民带来了实实在在的增收效益。

在数字文旅的助力下,洛阳市的乡村旅游产业迎来了前所未有的发展机遇。通过数字化手段的提升和改造,乡村旅游的吸引力和竞争力得到了显著增强。游客可以通过智能手机、网络平台等便捷方式,轻松获取乡村旅游的各类信息,如景点介绍、线路规划、住宿预订等,旅游体验的便利性和满意度大幅提升。同时,数字文旅还推动了乡村旅游产品的创新和升级,如虚拟现实体验、沉浸式演艺等新型旅游项目的涌现,为游客提供了更加丰富多样的旅游选择,进一步拓展了乡村旅游的市场空间。

随着乡村旅游产业的快速发展,洛阳市的乡村经济得到了有效提升。乡村旅游的繁荣带动了餐饮、住宿、交通等相关产业的发展,为乡村创造了更多的就业机会和收入来源。农民通过参与乡村旅游经营、销售农产品等方式,实现了收入的显著增加。数字文旅的赋能不仅让农民尝到了旅游的甜头,也激发了他们发展乡村旅游的积极性和创造力。

此外,洛阳市还成功打造了一批具有影响力的数字文旅品牌,如"风起洛阳"虚拟现实全感剧场、沉浸式数字光影演艺《寻迹洛神赋》等。这些品牌的成功推出,不仅展现了洛阳市在数字文旅领域的创新成果和独特魅力,也为洛阳市的文旅产业注入了新的活力。这些品牌项目的成功运营,不仅吸引了大量游客前来体验和消费,更提升了洛阳市的知名度和美誉度,为洛阳市的文旅产业发展奠定了坚实基础。

综上所述,洛阳市在数字文旅与乡村振兴的融合实践中取得了显著成效,不仅推动了乡村旅游产业的快速发展和乡村经济的有效提升,还为农民带来了显著的增收效益。同时,洛阳市成功打造的具有影响力的数字文旅品牌也为当地的文旅产业注入了新的活力。未来,洛阳市应继续深化数字文旅与乡村振兴的融合实践,推动乡村旅游产业持续健康发展,为乡村振兴贡献更多力量。

第二节　安阳市乡村旅游数字化转型案例

随着互联网、大数据、云计算等数字技术的蓬勃发展，数字经济与安阳的农业农村社会及农民生活的融合日益深化。在建设"中华字都"和国际旅游目的地城市的进程中，安阳市以传承优秀传统文化为导向，积极破解农业、文化、旅游融合的难题，全力打造文化传承与创新示范区，以及区域性的农文旅融合发展中心。

在发展过程中，安阳市秉持"市统筹、县区推进、乡镇突破"的策略，深度挖掘和充分利用当地丰富的历史文化资源。其中，林州以其独特的山水风光、精彩的航空运动和古朴的传统村落吸引着众多游客；汤阴的北艾、易经文化独具魅力；内黄的休闲农业与康养产业相得益彰；滑县的道口古镇和古运河文化韵味悠长；安阳县城凭借殷墟、曹魏文化元素以及考古文化旅游资源展现出深厚的历史底蕴。

当前，安阳市已有 80 余家村镇荣获省级以上旅游品牌和 1000 多家村镇旅游经营单位。这些依托特色产业发展起来的特色旅游品牌，展现出了广阔的市场前景和巨大的发展潜力，为安阳市乡村旅游的数字化转型奠定了坚实的基础。

一、数字赋能旅游，培育乡村内生动力

在安阳市的诸多乡村，越来越多新农民借助互联网"数字＋"模式，借助互联网对乡村旅游的优质景观与特色产品进行全方位、立体化的宣传推广，全面展示乡村旅游资源、产品及线路等要素。文化和旅游部指导多家互联网平台制定并推出 2024 年乡村旅游数字提升行动方案，这一举措对推动乡村旅游发展发挥了积极作用。安阳市拥有多处乡村旅游重点村镇，

这些地区也成为该方案的重点受益区域。

其中，林州市石板岩镇作为首批国家级乡村旅游重点镇，在安阳市乡村旅游数字化进程中处于领先地位。每逢旅游旺季，风格各异的民宿在互联网平台上极度活跃。通过精心制作的精品民宿短视频进行推广，成为吸引游客前往太行山的重要手段。

从乡村美景、特色民宿到地方文化，从非物质文化遗产到地方特产，数字化为文旅产业的发展赋予了强大动力。与此同时，数字技术在文旅产业运营模式中的助力同样显著。市智慧旅游管理暨产业运行监测平台、安阳一码游软件相继上线运营，众多景区的票务系统和视频监控与智慧文旅平台实现对接，实现了"一屏管安阳、一码游安阳"的高效管理与便捷服务模式。通过数字化推广，安阳市文旅产业持续推动乡村旅游提质升级，为乡村振兴和创新发展注入全新活力。

二、打造"安阳文旅"智慧服务平台，推动乡村旅游数字化转型

在数字化转型的浪潮中，安阳市积极响应国家乡村振兴战略，以"智慧旅游"为抓手，着力构建"安阳文旅"智慧平台，旨在通过科技赋能，全面提升乡村旅游的服务质量和游客体验。该平台围绕旅游产业链中的"吃、住、行、游、购、娱"六大核心需求，通过信息化手段将安阳市内分散的文旅资源进行有效整合与串联，形成了一条条独具特色的旅游线路和产品，实现了"一码游安阳"的便捷服务模式。

"安阳文旅"智慧平台通过数字化技术，将各类文旅资源如景点、酒店、餐厅、特色商品等纳入平台管理，游客只需通过扫描二维码或下载App，即可轻松获取全面的旅游信息和服务。截至目前，该平台已成功签约并上线商户463家，涵盖安阳市内众多优质文旅企业和个体经营者，为游客提供了丰富多样的选择。同时，平台累计用户人数已达到10.5万人，成交量达5.79万单，成交金额累计393.16万元，这些数据充分证明了平台在促进文旅消费、拉动经济增长方面的显著成效。

此外，安阳市还充分发挥节会赛事的影响力，通过智慧平台全方位展示安阳深厚的文化底蕴和独特的旅游资源。例如，安阳成功举办的首届马拉松赛，不仅吸引了众多国内外参赛者的参与，还因其精心设计的马拉松赛道而被广大参赛者和网友誉为"最有文化的赛道"。这条赛道穿越了安阳市内多个历史文化景点和地标性建筑，让参赛者在奔跑中领略安阳的历史风貌和文化韵味，"有文化 必安阳"因此成为来安游客的普遍认知。

值得一提的是，安阳市还成功举办了航空节等大型活动，通过智慧平台的宣传和推广，进一步提升了安阳的知名度和影响力。同时，航空节的成功举办也探索了市场化办节的新路子，为安阳市未来举办更多高水平、有特色的文旅活动提供了宝贵经验。综上所述，"安阳文旅"智慧平台的构建和运营，不仅推动了乡村旅游的数字化转型，还为文旅产业的蓬勃发展注入了新的活力。

三、拓展休闲农业的产业规模

安阳市遵循"将农区转化为景区、将农业整合为园区、引导农民转型为商人、将农产品升级为商品"的理念，拓展休闲农业的产业规模。将园区作为核心基地，融合农耕体验、采摘等多元化活动，鼓励当地村镇居民参与旅游建设；村民根据能力选择收益方式，如销售自产农产品、以资金入股等；同时着力打造村镇特色口碑或商标，充分彰显独特魅力。

（一）多元化融合，打造全方位体验

在安阳市乡村旅游数字化转型的过程中，拓展休闲农业的产业规模成了一项重要举措。为实现这一目标，多元化融合策略被广泛应用，旨在打造全方位、多层次的乡村旅游体验体系。

首先，农业观光作为休闲农业的核心组成部分，通过数字化手段得到了全新的诠释和发展。借助现代信息技术，游客可以更加便捷地了解农业

生产的各个环节，从农作物的播种、生长到收获，全过程以直观、生动的方式呈现。这种近距离的接触不仅增强了游客对农业生产的认识和兴趣，还促进了农业文化的传承与发展。通过数字化平台，游客可以预约参观特定的农业生产基地，参与农耕体验活动，如亲手种植作物、体验传统农具等，从而加深对农耕文化的理解和感受。

其次，绿色采摘作为休闲农业中的另一大亮点，也在数字化转型中焕发出了新的活力。通过数字化管理，农场可以实时更新农产品的生长情况和采摘信息，确保游客能够获取到最新、最准确的采摘资讯。游客也可以通过在线平台预约采摘时间，选择自己感兴趣的农产品进行采摘，如有机蔬菜、水果等。这种新鲜、有机的农产品采摘体验不仅满足了消费者对健康食品的需求，还增加了游客的参与感和乐趣，使他们在享受采摘乐趣的同时，也能感受乡村生活的独特魅力。

再次，生态餐饮作为休闲农业的配套服务，也在数字化转型中得到了提升。生态园内种植的农产品通过数字化管理系统进行追踪和管理，确保食材的新鲜和健康。游客可以通过在线菜单了解餐厅提供的菜品原料和制作过程，选择自己喜欢的绿色、健康菜品。这种利用生态园内农产品提供的餐饮服务不仅提升了游客的用餐体验，还促进了当地农产品的销售和品牌推广。

最后，休闲旅游作为乡村旅游的重要组成部分，也在数字化转型中得到了创新发展。结合自然风光和农业景观，安阳市乡村旅游开发了一系列休闲旅游项目，如亲子活动、户外拓展等。通过数字化平台，游客可以更便捷地了解项目详情、预约参与时间，并享受个性化的服务。这些休闲旅游项目不仅吸引了更多家庭游客前来体验，还促进了乡村旅游产业的多元化发展，为安阳市乡村旅游的数字化转型注入了新的活力。

（二）线上团购，拓展销售渠道

在安阳市乡村旅游数字化转型的浪潮中，线上团购作为一种新兴的销售模式，为生态园拓展销售渠道提供了有力支持。通过借助各大线上团购平台，生态园能够突破地域限制，将产品和服务推向更广泛的受众群体。这一策略不仅扩大了生态园的市场覆盖范围，还为其带来了更多的潜在客户和商机。

团购链接的销量可观，充分说明了消费者对这一模式的热烈欢迎和认可。大量消费者选择通过线上团购平台购买生态园的产品和服务，既是因为价格优惠、方便快捷，也源于对生态园的品质和信誉有着高度的信任和认可。这种良好的市场反馈，进一步证明了生态园的产品和服务具有强大的市场竞争力和广阔的发展前景。

此外，线上销售还便于生态园进行数据追踪和分析。通过团购平台提供的数据统计工具，生态园可以实时了解消费者的购买行为、偏好和需求变化。这些数据为生态园提供了宝贵的市场信息，帮助其更好地把握市场动态，及时调整和优化产品和服务策略。例如，根据消费者的反馈和数据分析结果，生态园可以针对性地推出新品、调整价格策略、优化服务流程等，以满足消费者的多元化需求，提升客户满意度和忠诚度。

（三）提高知名度，拓展受众人群

在安阳市乡村旅游数字化转型的进程中，生态园充分利用线上销售渠道和社交媒体宣传，有效提升自身的知名度。通过构建完善的线上销售体系，生态园将产品和服务信息广泛传播于网络空间，使得更多潜在客户能够便捷地获取相关信息，进而对生态园产生兴趣。同时，社交媒体作为当今信息传播的重要渠道，其强大的传播力和互动性为生态园的品牌宣传提供了有力支持。通过发布精美的图片、视频等内容，生态园成功吸引了大量网友的关注和转发，进一步扩大了品牌的影响力。

随着知名度的提升，生态园的受众人群也得到了显著拓展。起初，生态园的游客主要以本地居民为主，但随着线上宣传的深入和口碑的传播，周边城市甚至更远地方的游客也开始纷纷前来体验。这些游客不仅为生态园带来了更多的客流量，还通过他们的亲身体验和口碑传播，进一步提升了生态园的知名度和美誉度。

知名度的提升和受众人群的拓展，为生态园带来了显著的经济效益。一方面，客流量的增加直接带动了生态园门票、餐饮、住宿等收入的增长；另一方面，随着知名度的提高，生态园在合作洽谈、项目引进等方面也具备了更强的议价能力和竞争力，为未来的可持续发展奠定了坚实基础。因此，强化品牌宣传、提高知名度与拓展受众人群，已成为安阳市乡村旅游生态园在数字化转型过程中不可或缺的重要策略。

四、特色农产品搭上数字化快车

近年来，安阳市数字信息技术呈现出快速发展、日臻完善的态势。该市积极推动数字技术、大数据、工业互联网以及人工智能与各产业的深度融合，进而促使乡村特色产业迈向高质量发展阶段。

以安阳市近郊的一家土鸡养殖农场为例，林间成群的土鸡自由散养，而树上则安装着一个个"5G + AI"云眼。通过这一技术，农场管理员能够通过慢直播清晰地观察到土鸡的生长环境，以及桃子采摘的全过程。并且，这些直播画面会实时呈现在消费者面前，使得网友在 App 上即可观看水果、土鸡的生长情况，并可直接下单购买，从而有效地拓宽了特色农产品的销售渠道。

在乡村振兴战略全面推进的大背景下，高速发展的互联网平台为乡村发展带来了更为广阔的发展空间与诸多可能性，数字化进程犹如一股强劲的动力，为乡村发展注入了澎湃的活力。当前，数字乡村的概念受到广泛关注与重视，数字化在"三农"领域的推进速度不断加快，使得数字乡村的建设不再仅仅停留在理论层面，而是通过数字化赋能，全面覆盖农村信息基础设施建设、农村电商发展，以及智慧农业应用等多个领域，有力地推动了农村经济社会的全方位进步。

就安阳本地的实际情况而言，数字赋能对农业生产的积极作用尤为显著。在忙碌的麦收时节，数字智慧农业所取得的成绩格外引人注目，千亩无人农场喜获丰收，这一成果无疑是科技赋能农业新质生产力的成功实践典范。数字化技术的广泛应用，实现了对农田环境、作物生长，以及农产品质量安全的精准监测与智能管理,为农村产业的升级换代提供了坚实有力的支撑。

不仅如此,乡村旅游的提质增效同样离不开数字化的有力支持。在乡村文化和旅游相关产业的发展过程中,数字化的融入不仅能够为其提供丰富的文化内涵与精神支撑,而且还能够借此培育出新生力量和新型经济主体。乡村文旅产业具有贴近民众、贴近生活的天然优势,相关部门应当紧紧抓住数字化进程所带来的契机,积极推出各类丰富多彩的主题活动,着力培育乡村旅游的新业态、新场景以及新体验,吸引更多的游客走进乡村、了解乡村,进而促进数字技术与实体经济的深度融合,实现乡村旅游的可持续发展。

第三节　信阳市茶文化数字旅游与乡村振兴

一、技术融合驱动茶产业转型升级

在数字化转型的大潮中,信阳市积极探索将物联网、大数据、人工智能等前沿科技与传统茶产业深度融合,以此为契机,为茶产业注入了前所未有的创新活力,推动了产业的整体升级与变革。这一系列先进技术的集成应用,不仅深刻改变了茶产业的生产模式、加工方式,还极大地优化了销售策略,显著提升了行业的生产效率和产品市场竞争力。

在茶产业的生产环节,信阳市着力打造了"数字茶园"农业管理模式。通过物联网技术的深度嵌入,实现了对茶园环境参数的全方位、实时监测,包括土壤湿度、温度、光照强度以及空气湿度等影响茶叶生长质量的关键因素。数字茶园系统能够精准捕捉这些数据,并基于大数据分析,为茶叶生长提供最为适宜的环境条件,从而确保茶叶在生长过程中达到最佳品质状态。这种精细化管理方式,不仅提高了茶叶的产量,更在品质上实现了显著提升,为信阳市茶产业赢得了更广阔的市场空间。

进一步,在茶叶的加工环节,信阳市引入了"数字工厂"概念,将大数据与人工智能技术紧密结合，对茶叶加工流程进行了全面优化。数字工厂通过智能算法分析生产数据，能够精准预测加工过程中的各种变量，如温度、时间、湿度等，从而确保每一批茶叶在加工过程中都能达到最佳状态。这种智能化的加工方式，不仅显著提高了加工效率，降低了生产成本，还有效保证了茶叶加工过程中的品质稳定性，使得信阳市的茶叶产品在市场上更具竞争力。

二、深化大数据应用场景构建，赋能茶产业智能化发展

信阳市在推进茶产业数字化转型的过程中，高度重视大数据应用场景的构建与拓展。通过政策引导和技术支持，当地鼓励茶企业积极探索数字茶园、数字工厂等大数据应用的新模式、新路径，有效提升茶产业的智能化水平，为茶企业的可持续发展注入新的活力。

其中，数字茶园作为大数据应用的重要场景之一，通过部署各类传感器和智能设备，实时采集茶园生长环境、土壤状况、气候条件等多维度数据。这些数据经过整合、分析，形成了全面的茶园生长数据报告，为茶企业提供了精准的茶园管理依据。企业可以根据数据报告，及时调整茶园管理措施，改善茶叶生长环境，从而提高茶叶的产量和品质。

同时，数字工厂的大数据应用场景也发挥了重要作用。在茶叶加工过程中，通过大数据技术对生产流程、设备状态、产品质量等进行实时监测和分析，茶企业可以更加清晰地了解加工过程中的各个环节，及时发现并解决潜在问题。这种基于数据的加工管理方式，不仅提高了加工效率，还保证了茶叶品质的稳定性。更为重要的是，大数据的应用为茶企业提供了更多的数据支持，帮助企业更好地洞察市场需求、把握消费者偏好。通过对市场数据、销售数据、客户反馈等多源数据的综合分析，茶企业可以更加准确地了解市场动态，调整产品结构，优化销售策略。这种基于数据的决策方式，提高了企业的市场敏感度和应变能力，增强了市场竞争力。

三、强化财政扶持与引导社会资本投入，共促茶产业数字化转型

为加速茶产业的数字化转型进程，信阳市政府出台了积极有效的财政政策，加大了对茶产业数字化转型的资金扶持力度。这一举措旨在降低茶企业进行数字化转型的经济门槛，减轻其在技术升级、设备更新等方面的资金压力，从而激发企业参与数字化转型的积极性和主动性。通过财政资金的精准投放和有效使用，信阳市为茶产业数字化转型提供了坚实的资金保障，为茶产业的创新发展注入了新的活力。

在加大财政扶持的基础上，信阳市还积极拓展融资渠道，吸引社会资本投入茶产业数字化转型领域。政府通过政策引导和市场机制，鼓励社会资本参与"茶产业数字服务平台"的建设和运营。这一平台作为茶产业数字化转型的重要载体，能够汇聚政府、企业、科研机构等多方面的资源，形成合力，共同推动茶产业向数字化、智能化方向发展。

"茶产业数字服务平台"的建设，不仅为茶企业提供了便捷的数字化服务，还促进了产业内外的信息交流与合作。平台通过整合产业链上下游的资源，实现了信息共享、技术协同和市场拓展，提高了整个茶产业的运作效率和市场竞争力。同时，平台的运营也带动了相关产业的发展，形成了茶产业数字化转型的生态圈，为乡村振兴和区域经济发展注入了新的动力。

四、全面升级茶产业链，数字化赋能提升整体竞争力

随着数字茶产业的深入建设，信阳市的茶产业正经历着一场前所未有的变革。通过数字化、智能化技术的全面融入，茶产业在生产、加工、销售等各个环节均实现了质的飞跃，整体竞争力得到了显著提升。

在生产环节，数字化、智能化的管理方式使茶产业能更精准地掌握茶

叶生长周期和品质变化，实现茶叶生产的智能化、精准化。通过物联网、大数据等技术手段，对茶园环境、土壤状况、气候条件等进行实时监测和分析，为茶叶生长提供了最优化的管理方案。这种精细化的管理方式不仅提高了茶叶的产量，更在品质上实现了显著提升，使得信阳毛尖等特色茶叶更加适应市场需求，提高了产品附加值。

在加工环节，数字化技术的应用同样发挥了重要作用。通过智能化的加工设备和技术手段，茶企业能够更加精准地控制加工过程中的温度、湿度和时间等关键参数，确保茶叶加工过程中的品质稳定。这种精细化的加工方式不仅提高了加工效率，还降低了生产成本，使茶产业在市场竞争中更具优势。

在销售环节，数字化为茶产业拓宽了销售渠道，创造了更多的市场机遇。通过电商平台、短视频和直播等形式，信阳茶乡的茶叶产品得以跨越地域限制，走向更广阔的市场。更多人有机会品尝到信阳毛尖的独特风味，感受信阳茶文化的深厚底蕴和魅力。这种线上线下的融合销售模式，不仅提高了茶叶的销售量，还增强了信阳茶乡的知名度和影响力。

更为重要的是，数字化为信阳茶文化的传承与创新提供了有力支撑。短视频、直播等形式以生动直观的方式展现茶文化，吸引更多人了解并喜爱信阳茶。同时，数字化还促进了茶文化与旅游产业的深度融合，以茶促旅、以旅带茶、茶旅互动，共同推动了信阳茶乡的经济发展和文化繁荣。

第四节　其他典型案例

一、龙门石窟流散文物数字化保护利用的实践探索

在河南省数字文旅与乡村振兴的协同发展中，洛阳市实施的"龙门石窟流散文物数字化保护利用"项目堪称典范，为数字文旅的融合创新提供了重要借鉴。该项目立足于龙门石窟这一世界文化遗产的深厚底蕴，针对

流散文物的保护与利用难题，创新引入数字化技术手段，实现了科技与文化遗产保护的完美结合。

该项目首先运用了高精度的文物数字化采集技术，对流散在海内外的龙门石窟文物进行了全面、细致的数字化记录。这一过程不仅确保了文物信息的准确捕捉，更为后续的数字化处理奠定了坚实基础。在此基础上，项目团队进一步采用了文物 3D 模型重建技术，通过计算机算法将采集到的文物数据转化为三维数字模型，实现了文物的虚拟再现。

尤为值得一提的是，项目还创新性地采用高精度 3D 打印再生技术，将重建的文物 3D 模型转化为实体复制品。这些复制品不仅在外观上与原件高度相似，更在细节处理上也达到了极高的水准，为流散文物的"身首合一、数字复位"提供可能。这一技术的运用，不仅实现了流散文物在物理空间上的"回归"，更在数字空间中构建了完整的文物信息体系，为文物研究、展示和传播提供了全新的平台。

"龙门石窟流散文物数字化保护利用"项目的成功实施，不仅开创了流散文物"数字化回归"的新路径，更探索出文化遗产保护传承的数字化解决方案。这一创新实践不仅有效保护了珍贵的文化遗产，还促进了文化和旅游的深度融合，为河南省数字文旅的发展注入了新的活力。通过数字化手段的运用，龙门石窟的流散文物得以以全新的面貌呈现在公众面前，吸引了更多游客前来参观体验，进一步推动了当地旅游业的发展，为乡村振兴战略的实施提供了有力支撑。

二、光山县"文产特派员"制度：激活乡村资源，助力文旅产业融合发展

在河南省数字文旅与乡村振兴的协同推进过程中，信阳市光山县创新性地引入了"文产特派员"制度，这一举措为乡村现代文旅产业体系的构建注入了新的活力，有效激活了乡村资源，为乡村振兴注入了强劲动力。

"文产特派员"作为连接城乡、促进文旅产业发展的桥梁，他们凭借

专业的知识和丰富的经验，深入乡村一线，对乡村的文化资源、自然景观、民俗风情等进行全面梳理和挖掘。在此基础上，他们结合市场需求和乡村发展实际，策划实施了一批具有地方特色的文旅项目。

其中，余粮乡创、净居茶隐等项目的成功落地，就是"文产特派员"制度在光山县取得显著成效的生动例证。这些项目不仅充分展示了乡村的独特魅力和文化底蕴，还通过产业融合和创新发展，有效破解了乡村振兴发展过程中的难题，为乡村经济的增长和文化繁荣开辟了新的路径。

通过"文产特派员"的介入，光山县不仅成功打通了城乡发展空间，促进了城乡之间的资源互补和协同发展，还带动了乡村经济的快速增长和文化的繁荣兴盛。这一制度的实施，不仅为光山县的文旅产业发展注入了新的活力，也为河南省乃至全国的乡村振兴提供了有益的借鉴和启示。未来，随着"文产特派员"制度的不断完善和推广，相信将有更多的乡村因此受益，实现经济、社会和文化的全面发展。

三、"只有河南·戏剧幻城"：文旅IP创意营销赋能乡村振兴

在河南省文旅文创深度融合的发展大潮中，"只有河南·戏剧幻城"项目凭借独特的创意营销策略和深厚的文化底蕴，成为文旅融合的典范。该项目巧妙地将戏剧文化与旅游产业紧密结合，通过一系列创新举措，成功打造出了独具魅力的文旅IP，为河南省的文旅产业注入了新的活力。

"只有河南·戏剧幻城"项目深入挖掘河南丰富的历史文化资源，将戏剧表演作为核心吸引物，为游客呈现了一场场精彩纷呈的视觉盛宴。在这里，游客不仅可以观看到高水平的戏剧表演，还能深入参与剧情之中，亲身体验河南的历史文化，感受戏剧幻城的独特魅力。这种沉浸式的观剧体验，让游客在享受艺术美感的同时，也对河南的文化有了更深刻的认识和理解。

除了高质量的戏剧表演，该项目还注重文旅IP的创意营销。通过线上线下的多渠道宣传，以及与其他旅游产品的联动合作，"只有河南·戏剧幻

城"成功吸引了大量游客前来观光游览。这不仅推动了当地旅游产业的快速发展,也为周边的乡村地区带来了更多的经济机遇和就业岗位。更重要的是,这一项目的成功,为乡村振兴注入了新的活力。它通过文旅产业的融合发展,带动了乡村地区的经济转型升级,提高了乡村地区的知名度和影响力。同时,该项目还注重文化传承和创新,为乡村地区的文化振兴提供了有力的支撑。

四、许昌胖东来:"流量商超"模式点亮城市文旅经济新篇章

在河南省数字文旅与乡村振兴的融合发展进程中,许昌市胖东来商超以其独特的创新实践,成功将商超运营与文旅经济紧密结合,打造出别具一格的文旅消费模式,为城市文旅经济的繁荣发展注入了新的活力。

胖东来商超深知数字化时代带来的变革机遇,积极运用数字化手段对传统商超运营模式进行革新。通过线上线下的深度融合,胖东来不仅提升了顾客的购物体验,还巧妙地将商超打造成了城市文旅经济的新亮点。在商超内部,精心设计的商品陈列、丰富的互动体验区以及特色的美食街区,吸引了大量游客前来打卡体验。

这一"流量商超"模式不仅极大地提升了胖东来商超的客流量和销售额,更为其周边的旅游产业带来了显著的带动作用。游客在享受购物乐趣的同时,也会被商超周边的旅游景点、文化场所所吸引,从而形成了商超与旅游产业的良性互动。这种互动不仅丰富了城市的文化旅游内涵,还促进了相关产业的协同发展,为城市文旅经济的持续增长提供了有力支撑。

胖东来商超的成功实践,充分展示了数字文旅与乡村振兴融合发展的巨大潜力。它通过创新商超运营模式,不仅提升了自身的经济效益,还为城市文旅经济的发展开辟了新的路径。这些宝贵的经验和启示,对于其他地区而言,无疑具有重要的借鉴意义。未来,随着数字文旅与乡村振兴融合发展的不断深入,相信会有更多像胖东来这样的创新实践涌现出来,共同推动河南省乃至全国的文旅产业和乡村经济迈向新的高度。

五、郑州市"千万工程"引领绘就和美乡村新图景

在深入学习与借鉴"千万工程"成功经验的引领下,郑州市致力于加速推进宜居宜业和美乡村的建设步伐,以回应广大农民群众的热切期盼。近年来,郑州市将打造和美乡村示范村作为核心抓手,坚定地走上了城乡融合发展的道路,通过建点布局、串珠成线、组团发展的策略,推动和美乡村的集聚式发展,进而促进乡村全面振兴。

(一)宜居环境:绘就群众"幸福基色"

自 2023 年伊始,郑州市正式发布了《和美乡村示范村建设工作方案》,强调规划先行,依据各地实际情况进行村庄分类规划,市县两级协同作战,共同打造一批具有示范意义的和美乡村。同时,建立健全了生态环境保护、村容村貌提升、公共卫生长效管理等机制,以确保村庄的美丽能够持久延续。

在近年来的持续努力下,郑州市乡村的主干道道路硬化率、自来水入户率,以及主干道路灯安装率均达到了 100%。民宿和农家乐的数量已超过 20 家。此外,卫生所、文化站、志愿者服务站、新时代文明实践站等设施一应俱全,村民医保参保率也实现了全覆盖。这些举措不仅提升了乡村的硬件设施水平,还成功创建了多个"中国美丽休闲乡村"精品村和"河南省 AAAA 级乡村康养旅游示范村"。

昔日的省级贫困村,如今已焕然一新,"荒山"披上了"青绿的外衣"。郑州市聚焦"守底线、抓发展、促振兴"的目标,推动脱贫乡村自我发展能力和脱贫群众收入水平显著提升。截至 2023 年底,郑州市脱贫人口人均纯收入达 20553 元,增长率高达 13.48%;同时,监测对象的人均纯收入也达到了 16198 元,增长率达到了 12.02%。

（二）宜业兴村：铸就"郑"字号乡村文旅新名片

在构建宜居宜业和美乡村的征途中，郑州市深知，要在创造幸福生活的道路上取得实质性成效，产业支撑是不可或缺的关键环节。随着村庄面貌的焕然一新，环境的日益优美，如何让群众的日子越过越甜，成为郑州市乡村发展的核心议题。

坐落于距少林寺仅5千米的杨家门村，是一个充满中国传统韵味的古村落。当地政府积极与企业携手合作，共同打造了禅心居民宿项目，这一项目集食宿、功夫表演、田园康养等多重功能于一体，成为传统文化研学体验的绝佳中心。自开业以来，客流量持续攀升，周末时分订房需提前预约，旅游旺季更是一房难求。

在登封市的袁桥村，一幅农文旅融合发展的新画卷正徐徐展开。袁桥村作为拥有300多年历史的明清古村落，文化底蕴深厚，各类文化活动丰富多彩。这些活动不仅为村民提供了在家门口就业的机会，让500多人实现了不出家门就能赚钱的梦想，还为集体经济带来了每年50万至80万元的增收。

巩义市新山村则依托竹林镇长寿山景区的优势资源，积极开发特色旅游资源，完善基础设施，大力招商引资，全力推介新山村的吃喝玩乐项目，有效带动了当地第三产业的发展。如今，郑州市充分利用周边丰富的景区资源，坚持农文旅融合发展路径，因地制宜地发展休闲观光、健康养生、民宿体验等多元产业，倾力打造具有郑州特色的乡村文旅品牌，为乡村发展注入了新的活力与价值。

郑州市以城乡融合为导向，以产业发展为核心，在全市范围内精心打造了一批和美乡村示范村。这些示范村根据东部平原地区、西部丘陵山区、近郊与城郊接合部等不同地域特征，因地制宜地推进乡村组团建设，展现了郑州市在乡村振兴道路上的独特魅力与智慧。

（三）和美共融：构筑稳定安宁的乡村和谐新貌

郑州市因地制宜地推进和美乡村建设，不仅显著提升了乡村文化产业的品质与价值，还极大地丰富了乡村群众的物质与精神生活。2023年，围绕新启动的20个和美乡村示范村建设项目，郑州市累计投入资金超过8亿元，全年乡村建设总投入更是高达119亿元。为有效解决和美乡村示范村建设中遇到的难点和堵点问题，郑州市相继出台了《和美乡村资金奖补管理办法》《郑州市农村宅基地管理导则》以及《关于实施"三年强村计划"发展壮大村集体经济的意见》等一系列政策文件，确保和美乡村示范村建设工作有法可依、有章可循，稳步推进。

在深入学习和运用"千万工程"经验的基础上，郑州市以建设宜居宜业和美乡村为切入点，坚持点上突破、全面铺开的战略思路，分层分类分批次地推动和美乡村的全域创建工作。这一举措有力有效地推进了乡村全面振兴。截至目前，郑州市已累计建成和美乡村示范村67个，美丽乡村示范村396个，成功打造精品休闲旅游线路7条，建成精品民宿287家。沿黄美丽乡村旅游带、环嵩山组团、长寿山组团、伏羲山组团"一带三组团"的发展格局已基本形成。2023年，郑州市乡村旅游收入超过11亿元，展现了乡村旅游业的蓬勃生机与巨大潜力。

根据未来发展规划，郑州市计划到2025年底建成100个和美乡村示范村。其中，将对原有的50个美丽乡村精品村进行迭代升级，并在2023年至2025年间新建50个乡村示范村。这一宏伟蓝图不仅彰显了郑州市对乡村振兴事业的坚定决心，也为郑州市乡村的未来发展描绘了更加美好的蓝图。

六、镇平县遮山镇文旅融合绘就乡村振兴"新画卷"

镇平县秉持"文游医养体学智"融合发展理念，统筹规划医、药、养、游、学、娱、购七大业态，致力于创新候鸟经济、银发经济及假日经济的发展模式。这一举措不仅有效保护了当地的传统文化，还极大地促进了乡村经济的多元化进程，为乡村振兴战略的实施描绘了一幅绚丽多彩的"新画卷"。

（一）遮山镇文旅融合实践与探索

镇平县遮山镇，作为该地区文旅融合发展的典范，凭借其悠久的历史底蕴和丰富的文化资源，积极探索并实践文旅融合的新路径、新模式。该镇在坚持"文游医养体学智"融合思路的基础上，对七大业态进行了科学规划与布局，力求实现各业态之间的相互促进与协同发展。

在具体实践中，遮山镇充分挖掘自身资源优势，致力于开发一系列旅游新业态和消费新场景。例如，遮山镇通过自然科普项目的打造，让游客在亲近自然的同时，增长科学知识；森林探秘活动的开设，则让游客在探险中感受大自然的神秘与魅力；民俗体验项目的推出，更是让游客在参与中深入了解并传承当地的文化传统。此外，文化创意产业的培育与发展，也为遮山镇的文旅融合注入了新的活力。

遮山镇的文旅融合实践不仅停留在表面，而是力求实现一、二、三产业的深度融合。该镇计划将其全域打造成为一个以中药种植为基石、生态为依托、旅游为引擎、创新为理念、文化为支撑、富民为根本、市场为导向的"文旅+"新型文旅融合特色小镇。通过这一系列的实践与探索，遮山镇不仅提升了自身的旅游吸引力，还为乡村振兴战略的深入实施提供了有力支撑和有益借鉴。在未来的发展中，遮山镇将继续秉持文旅融合的发展理念，不断创新与发展，为乡村振兴贡献更多力量。

（二）遮山镇文旅融合高质量发展举措

在乡村振兴的浪潮中，遮山镇紧抓县委、县政府提出的"一带三环多片区"和美乡村建设布局的宝贵机遇，将目光投向了"农文旅"特色产业的融合发展，力求在这一领域实现新的突破。

遮山镇深刻认识到，原生态的山乡生态优势和丰富的历史文化特色是其得天独厚的资源禀赋。因此，该镇充分利用这些优势，不断完善基础设施建设，为乡村旅游的发展提供坚实的硬件支撑。同时，遮山镇还积极丰富乡村旅游业态，通过引入多样化的旅游项目和产品，满足游客多元化的需求，提升乡村旅游的吸引力和竞争力。

为了推动文旅融合的高质量发展，遮山镇还积极招引乡村文旅运营公司，借助其专业的运营能力和市场经验，为乡村旅游的发展注入新的活力。这一举措不仅提升了乡村旅游的管理水平和服务质量，还为乡村旅游的创新和发展提供了有力的支持。

值得一提的是，随着《南阳市国土空间总体规划（2021—2035年）》获批，遮山镇的战略地位得到了进一步提升。作为撬动宛平一体化发展的关键支点，遮山镇的文旅融合步伐进一步加速。这一规划的实施，为遮山镇的文旅融合发展提供了新的机遇和动力，也为其在未来的发展中奠定了坚实的基础。

在推动文旅融合高质量发展的过程中，遮山镇充分利用了自身优势资源，不断完善基础设施建设，丰富乡村旅游业态，积极招引乡村文旅运营公司，并紧跟规划步伐，加速文旅融合的步伐。这些举措的实施为当地的文旅融合发展注入了新的活力，也为其在未来的乡村振兴中发挥了重要作用。

（三）遮山镇旅游基础设施建设与提升

在镇平县委、县政府的坚强领导下，遮山镇积极响应乡村振兴战略号召，迅速确定了遮山环线规划方案，并紧锣密鼓地实施了遮山环线道路畅通工程。这一工程的实施，对于提升遮山镇的旅游基础设施水平、促进乡村旅游的快速发展具有十分重要的意义。目前，遮山环线道路畅通工程已经取得了显著的成效。全线道路的土地清障工作已经顺利完成，山土路基建设也已经全面竣工。这一工程的实施，成功地将紫海香田、鳌园寺、七彩沟、万亩森林等一众景点全线贯通，形成了一条风景秀丽、特色鲜明的旅游线路，被游客誉为"遮山镇最美环山路"。

除遮山环线道路畅通工程外，遮山镇还积极与交通、文旅等上级部门进行紧密对接，共同谋划和推动文旅产业的发展。为了更好地管理和推进文旅产业重点项目，遮山镇建立了文旅产业重点项目库，对各类文旅项目进行统一规划、统一管理和统一推进。同时，遮山镇通过加大对乡村旅游公路的资金投入力度，显著提升道路建设标准与区域投资环境，为乡村旅游的快速发展提供了有力的保障。

遮山镇通过实施遮山环线道路畅通工程、建立文旅产业重点项目库以及加大乡村旅游公路资金投入力度等措施，全面提升自身的旅游基础设施水平，为乡村旅游的快速发展奠定了坚实的基础。

（四）遮山镇招商引资与文旅产业发展

在推动文旅产业发展的过程中，遮山镇高度重视招商引资工作，将其作为推动文旅产业快速发展的重要抓手。为了吸引更多的文旅公司前来投资兴业，遮山镇不断完善配套设施，提升服务品质，为投资者提供了良好的投资环境。同时，该镇还制定了严格的招商标准，确保引进的项目符合当地的发展规划和产业定位。

通过这些努力，遮山镇成功吸引了多家文旅公司的关注和青睐。目前，这些公司纷纷前来考察调研，与遮山镇就文旅项目的合作进行了深入的洽谈和交流。这些项目的成功洽谈和落地，将为遮山镇的文旅产业发展注入新的动力，推动其实现更高质量的发展。

除了加强招商引资工作外，遮山镇还注重在绿美景观化和特色化方面下功夫。该镇深知，独特的景观和特色是吸引游客的重要因素，也是提升文旅产业竞争力的关键所在。因此，遮山镇将着力提升遮山沿线景观的辨识度和吸引力，通过打造独具特色的绿美景观，为游客提供更加优美的旅游环境。

在具体实施中，遮山镇将注重保护自然生态，充分利用当地的自然资源和文化特色，打造出具有遮山特色的绿美景观。同时，该镇还将加强景观的维护和管理，确保景观的持久性和美观性，为游客提供长期稳定的旅游体验。

综上所述，遮山镇在招商引资和文旅产业发展方面取得了显著成效。通过完善配套设施、制定招商标准、加强绿美景观化和特色化建设等措施，遮山镇不断提升自身的吸引力和竞争力，为文旅产业的蓬勃发展奠定了坚实的基础。未来，遮山镇将继续秉持开放合作的理念，积极引进更多的文旅项目和企业，推动文旅产业实现更高质量的发展。

第五节　数字文旅与乡村振兴协调发展的模式

一、数字化助旅模式

在数字文旅与乡村振兴的协同发展中，数字化助旅模式作为一种创新且高效的结合方式，正逐渐展现出其独特的魅力和潜力。这一模式的核心在于，通过充分利用数字化手段，全面赋能乡村旅游，推动其实现跨越式发展。

数字化技术为乡村旅游的全面发展提供了强有力的支撑。在新时代的背景下，新农人作为乡村发展的新生力量，积极拥抱互联网，运用"数字+"模式，为乡村旅游注入了新的活力。他们通过各类数字化平台，如社交媒体、在线旅游网站、短视频应用等，广泛传播和代言乡村旅游的好景好物。这些平台不仅具有广泛的覆盖面和影响力，还能够以图文、视频等多种形式，全面立体地展示乡村旅游资源、特色产品、旅游线路等，使游客能够身临其境地感受乡村的魅力。

此外，数字化助旅模式还注重提升乡村旅游的智能化水平。通过引入智能导览、VR、AR等先进技术，为游客提供更加便捷、个性化的旅游体验。游客在家中就能通过VR技术预览乡村旅游景点，规划旅游路线，甚至在实地游览时，还可以通过AR技术获取更多关于景点背后的历史文化信息，从而增强旅游的趣味性和教育性。

数字化助旅模式的实施，不仅有效提升了乡村旅游的知名度和吸引力，还为乡村振兴插上了"数字翅膀"。它使得乡村旅游能够突破地域限制，吸引更多游客前来体验，进而带动乡村经济的发展，促进农民增收，为乡村振兴战略的深入实施提供了有力支撑。因此，数字化助旅模式无疑是数字文旅与乡村振兴协调发展的重要路径之一，值得在更广泛的范围内进行推广和实践。

二、文旅融合赋能模式

文旅融合赋能乡村文化振兴作为实现乡村振兴战略的有效路径，正逐渐展现出其独特的优势和潜力。该模式的核心在于通过文旅产业的深度融合发展，为乡村传统文化的保护、传承和创新提供强有力的支撑，同时促进乡村经济的多元化发展。

在文旅融合赋能模式下，新业态的引入成为推动乡村文化振兴的关键一环。通过整合乡村的自然风光、民俗文化、历史遗迹等独特资源，开发出一系列具有乡村特色的旅游产品和文化体验项目，如乡村民宿、农耕文化体验、非遗手工艺制作等。这些新业态不仅丰富了乡村旅游的产品体系，还提升了乡村旅游的文化内涵和吸引力，使游客在体验乡村旅游的同时，也能深入了解和感受乡村文化的魅力。

此外，新产品的打造也是文旅融合赋能模式的重要环节。通过挖掘和整合乡村的文化资源，创作出具有乡村特色和文化底蕴的文创产品，如乡村主题画作、手工艺品、农产品包装设计等。这些新产品不仅满足了游客对乡村旅游纪念品的消费需求，还促进了乡村文化的传播和推广，提升了乡村文化的知名度和影响力。

同时，新技术的应用为文旅融合赋能模式注入了新的活力。通过运用大数据、人工智能、物联网等现代信息技术，可以实现乡村旅游的智能化管理和服务，从而提高乡村旅游的效率和质量。例如，利用大数据分析游客的旅游偏好和需求，为游客提供个性化的旅游推荐和服务；通过物联网技术实现乡村旅游景点的智能化监控和管理，提升游客的旅游体验和安全感。

更重要的是，文旅融合还有助于促进生产要素由城市向乡村流动。随着文旅产业的融合发展，越来越多的资本、人才和技术等生产要素开始流向乡村，为乡村"文旅+"业态的融合发展带来了新的可能。这不仅促进了乡村产业的升级和转型，还为乡村就业创业和增进民生福祉提供了新的契机。因此，文旅融合赋能模式无疑是实现乡村文化振兴和乡村振兴战略的重要途径之一，值得在更广泛的范围内进行深入探索和实践。

三、数智化文旅康养模式

数智化文旅康养产业作为新时代乡村振兴的重要驱动力，正以其独特的优势和潜力发挥显著作用。这一模式通过深度融合数字技术与文旅康养产业，不仅优化了资源配置，还推动了服务模式的创新，为乡村旅游和康养产业的融合发展开辟了新的路径。

在资源配置方面，数智化文旅康养模式充分利用大数据分析技术，对乡村的旅游资源、康养资源以及市场需求进行精准分析。通过深入挖掘数据背后的规律，可以科学合理地规划文旅康养项目的布局和发展方向，确保项目符合当地特色并满足市场需求。这种基于数据的决策方式，有效提高了资源配置的效率和准确性，为乡村文旅康养产业的可持续发展奠定了坚实基础。

在营销推广方面，数智化文旅康养模式运用先进的数智营销工具，如社交媒体、在线旅游平台、智能推荐系统等，有效提升乡村形象，扩大乡村文旅康养产业的知名度和影响力。通过这些渠道，可以精准触达目标游客群体，展示乡村的独特魅力和康养价值，吸引更多游客前来体验。同时，数智营销还能实现与游客的实时互动，及时收集反馈意见，不断优化产品和服务，提升游客满意度。

在服务模式创新方面，数智化文旅康养模式借助物联网、人工智能等先进技术，推动了服务模式的智能化和个性化。例如，通过智能穿戴设备监测游客的健康状况，提供定制化的康养服务；通过智能导游系统为游客提供个性化的旅游路线和解说服务；通过智能家居系统提升乡村住宿的舒适度和便捷性。这些创新的服务模式不仅提升了游客的体验感，也提高了居民的生活质量。

此外，数智化文旅康养产业的发展还创造了新的就业机会和创业平台。随着产业的不断壮大，越来越多的乡村居民可以参与到文旅康养产业中来，通过就业或创业实现增收致富。同时，产业的发展也增强了社区的参与感和治理能力，促进了乡村社会的和谐稳定。

四、数字技术赋能文化振兴模式

在乡村振兴战略的背景下，数字技术正成为传承乡村优秀传统文化、丰富乡村文化产品供给、助力乡村文化产业发展的重要驱动力。这一模式通过数字化手段深入挖掘和整合乡村文化资源，实现文化资源的数字化保存与传播，同时借助数字平台推动乡村文化的传承与创新，为乡村文化振兴注入了新的活力。

数字技术赋能文化振兴的首要任务是实现乡村文化资源的数字化保存。乡村文化作为中华民族传统文化的重要组成部分，蕴含着丰富的历史信息和文化底蕴。然而，随着时代的变迁，部分传统的乡村文化正面临着失传的风险。因此，通过数字化技术，如高清扫描、三维建模、虚拟现实等，将乡村文化中的物质文化遗产和非物质文化遗产进行数字化记录，形成可永久保存的数字资源，对保护乡村文化遗产具有重要意义。

在数字化保存的基础上，数字技术还通过数字平台如数字乡村博物馆、村庄主页等，展示乡村文化资源，让大众全方位了解乡村传统文化。数字乡村博物馆作为虚拟的展示空间，可以将乡村的历史沿革、民俗文化、传统手工艺等以数字化的形式呈现出来，使游客不受时间和空间的限制，随时随地欣赏和学习乡村文化。村庄主页则作为一个信息窗口，及时发布乡村的文化活动、旅游资讯等，增强乡村与外界的互动和交流。

尤为重要的是，数字技术不仅实现了文化遗产的保护，还推动了乡村文化的传承和创新。通过数字平台，乡村文化可以跨越地域和时空的限制，与更广泛的人群进行接触和交流，从而激发更多人对乡村文化的兴趣和热爱。同时，数字技术还为乡村文化的创新提供了无限可能。例如，可以利用数字技术将传统的乡村文化与现代的设计理念相结合，创作出具有新时代特色的文化产品；或者通过数字技术将乡村文化融入旅游体验中，打造独特的乡村旅游品牌。

五、农文旅深度融合模式

农文旅深度融合模式，作为一种新型的乡村经济发展策略，是在农业、文化与旅游三大产业有效整合与协同发展的基础上，深度挖掘并开发乡村农业旅游的新模式。这一模式不仅促进了农业产业的转型升级，还极大地提升了乡村文化的传承与旅游资源的开发利用效率。

以河南省为例，作为我国农业大省，其丰富的农业资源和深厚的文化底蕴为农文旅融合提供了得天独厚的条件。同时，河南省还拥有众多特色的旅游资源，这些资源的有效整合为农文旅深度融合模式的实施提供了坚实基础。通过农文旅融合，河南省不仅充分提升了农业、文化等产业的附加值，还成功激发了消费市场的潜力，为乡村振兴注入了新的活力。

农文旅深度融合模式以农业为核心，将文化和旅游两大元素有机融入其中。在巩固农业基础地位的同时，通过引入文化元素，既丰富了农业产业的内涵，又提升了农产品的文化附加值；同时借助旅游产业的带动作用，将乡村的独特资源转化为旅游吸引物，吸引游客前来观光体验，从而推动乡村经济的多元化发展。

此外，该模式还促进农业多功能产业的协同发展，通过拓展农业的功能边界，将农业与休闲、观光、教育等多个领域相结合，形成多元化的农业产业体系。这种产业体系的构建，不仅有效延伸了乡村产业链，还提高了农业产业的综合效益和竞争力。

农文旅深度融合模式的实施，实现了农民受益的目标。通过参与农文旅融合产业的发展，农民不仅增加了经济收入，还提高了生活质量和幸福感。同时，这一模式的推广和应用，也为乡村振兴战略的实施提供了有力的支撑和保障。

综上所述，数字文旅与乡村振兴协调发展的模式多种多样，各地应根据自身实际情况和资源优势，选择适合的发展模式，推动数字文旅与乡村振兴的深度融合和高质量发展。

第六章　河南省数字文旅与乡村振兴协调发展的策略

第一节　政策支持与保障

党的二十大报告明确指出"全面建设社会主义现代化国家,最艰巨最繁重的任务仍然在农村"[①]。2024年2月颁布的中央一号文件《中共中央、国务院关于学习运用"千村示范、万村整治"工程经验有力有效推进乡村全面振兴的意见》进一步强调,"推进中国式现代化,必须坚持不懈夯实农业基础,推进乡村全面振兴"[②]。从党的十九大报告提出的"乡村振兴"战略,到党的二十大升级为"乡村全面振兴","全面"一词凸显了乡村在产业、人才、文化、生态、组织五大维度的乡村全面振兴。其中,产业兴旺被视为推动乡村全面振兴的重要条件。

乡村产业的蓬勃发展,是农业农村现代化进程中的关键环节。在数字化浪潮席卷全球的当下,发展乡村数字文化旅游产业已成为促进乡村全面振兴的重要路径。2024年的中央一号文件着重提出"实施文旅深度融合工程,加速乡村旅游集聚区(村)的建设步伐",旨在全面提升乡村产业的发展层次。农业农村部与中央网信办联合发布的《数字农业农村发展规划

---

① 中国共产党第二十次全国代表大会文件汇编[M].北京:人民出版社,2022.
② 中共中央、国务院关于学习运用"千村示范、万村整治"工程经验有力有效推进乡村全面振兴的意见[M].北京:人民出版社,2024.

（2019—2025年）》则具体提出"要完善休闲农业的数字地图，引导乡村旅游示范县、美丽休闲乡村（渔村、农庄）等开展线上经营活动，并推广大众参与式评价、数字创意漫游、沉浸式体验等新型经营模式"。该规划不仅细化了数字乡村文旅的发展方向，还明确提出了对农村新业态进行多元化数字化改造的要求。此外，2022年中央网信办、农业农村部、国家发展改革委等部门联合发布的《数字乡村发展行动计划（2022—2025年）》也强调"要推进乡村旅游的智慧化发展"，并指出要通过线上平台推荐一批乡村旅游的精品景点和路线，利用网络传播农村的各类非物质文化遗产资源，同时引导在线旅游、电子商务等健康发展，有序推动农村平台经济的繁荣，从而进一步凸显了文旅产业与数字技术对于乡村振兴的关键作用，也为数字文旅助力乡村振兴指明了前行方向。

随着城市化进程的不断加快，部分乡村面临着人口流失、产业衰退的严峻挑战，"原本封闭稳定的村落共同体已逐渐转变为'流动的村庄'"，乡村劳动力大量涌向城市。与此同时，乡村的资金、技术、人才、产业等整体资源也受到城市虹吸效应的影响而流向城市，导致乡村产业变革的形势愈发严峻。"由于城乡二元体制的强大阻尼，其现代命运常常处于弱质化发展的通道中，与强势的'城市中国'狭路相逢时，'乡土中国'话语权缺失"[①]，而这种话语权的缺失，在当前的城乡融合发展语境中同样存在。

在乡村振兴战略与数字化进程的双重背景下，数字文旅如何有效推动乡村振兴，已成为学术界研究的新热点。从数字文旅的研究发展脉络来看，自《中华人民共和国国民经济和社会发展第十四个五年规划和2035年远景目标纲要》提出"数字化转型驱动生产方式、生活方式和治理方式变革"后，数字文旅向产业数字化转型。这一转型过程呈现出明显的政策性导向特征，"数字文旅"与"数字经济""文旅融合""文旅产业"等领域的交叉研究不断涌现，数字文旅推动乡村振兴已成为新时代的重大议题。在探索数字技术推动乡村文旅发展的路径方面，研究主要聚焦于数字化基础设施建设、数字化转化、产品体系的完善以及数字化治理等举措，并从宏

---

① 朱霞，周阳月，单卓然. 中国乡村转型与复兴的策略及路径：基于乡村主体性视角[J]. 城市发展研究，2015，22（8）：38-45.

观、中观、微观三个层面提出了政策引导、拓宽融资渠道、整合要素资源等建议。

河南省在推动数字文旅与乡村振兴的协调发展方面，制定并实施了一系列相关政策措施，涵盖数字基础设施建设、数据要素市场的培育、文旅产业的数字化提升、乡村产业振兴、人才振兴、生态振兴、文化振兴以及组织振兴等多个维度。《河南省"十四五"文化旅游融合发展规划》明确提出了实施文旅文创融合战略，旨在推动中原文化、黄河文化的现代化和国际化表达。该规划还指出，其发展目标是通过文旅文创的深度融合，促进文化旅游产业的高质量发展，从而为乡村振兴注入新的活力。通过这些政策的深入实施，河南省将进一步推动数字文旅与乡村振兴的深度融合发展，为经济社会的全面发展注入新的强大动力。

数字文旅，其本质在于深度融合数字技术与文旅产业，由此衍生出一种新型的体验式、互动式、沉浸式文旅消费模式。其对乡村振兴的赋能作用，既是助力乡村文化产业与旅游业融合创新的重要模式，也是建设数字强国的现实需求。因此，需进一步梳理乡村数字文旅发展所面临的现实困境，并探索相应的优化路径，以推动乡村文旅融合实现高质量、可持续的发展。

第二节 完善数字基础设施建设

一、数字文旅对乡村基础设施建设的促进作用

（一）提高基础设施建设效率

在数字化转型的浪潮中，数字文旅作为新兴业态，不仅为乡村旅游带来了全新的发展模式，更显著提升了乡村基础设施的建设效率。数字文旅依托大数据、云计算等一系列先进的信息技术，为乡村基础设施的规划、建设与管理提供了科学且精准的决策支撑体系。

通过构建完善的数据采集、处理与分析机制，数字文旅能够实时、全面的监测乡村基础设施的需求动态。这一过程中，大数据技术的应用使得海量、多源的数据信息得以有效整合，从而为基础设施的建设规模、布局以及优先级提供了科学依据。同时，通过对资金投入、建设进度等关键指标的实时监测与分析，数字文旅有助于及时发现并解决建设过程中存在的问题与风险，从而确保资源能够按照最优配置方案进行分配。

此外，数字文旅还促进了信息技术与基础设施建设的深度融合，推动了建设过程的智能化与自动化。据《中国数字乡村发展报告（2021）》的权威数据显示，数字技术在基础设施建设领域的广泛应用，已经使得建设周期相较于传统模式缩短了30%。这一显著成效不仅体现了数字文旅在提升基础设施建设效率方面的巨大潜力，也为未来乡村基础设施的持续优化与升级奠定了坚实基础。可以预见，在数字文旅的推动下，乡村基础设施的建设将更加高效、智能，从而为乡村振兴战略的深入实施提供有力支撑。

（二）优化基础设施建设布局

数字文旅在乡村基础设施建设中的另一重要作用，体现在其对乡村布局优化的精准推动上。借助先进的数据分析技术和智能化决策工具，数字文旅能够深入分析游客需求、乡村资源分布以及交通网络等多重因素，为乡村基础设施的建设提供兼具科学性与前瞻性的规划方案。

在乡村旅游项目的开发过程中，数字文旅通过收集并分析游客的偏好、行为习惯以及消费模式等大数据信息，能够准确把握市场需求的变化趋势。基于这些精准的数据洞察，相关部门和开发者可以合理规划餐饮、住宿、娱乐等基础设施的位置、规模和风格，确保它们既能够满足游客的多元化需求，又能够与乡村的整体环境和文化氛围相协调。

例如，在乡村旅游景区中，数字文旅可以指导餐饮设施的布局，使其既靠近游客流量较大的区域，又能够融入当地的特色美食文化；对于住宿设施，数字文旅可以帮助规划者选择适宜的地点，既方便游客游览各个景点，又能够享受乡村的宁静与舒适；在娱乐设施的规划上，数字文旅同样能够发挥重要作用,通过数据分析确定最受欢迎的娱乐项目类型,并优化其布局,以提高游客的整体体验。

因此,数字文旅在优化乡村基础设施建设布局方面的作用不可小觑。它不仅提升了基础设施的使用效率和游客的满意度,还促进了乡村旅游业的可持续发展,为乡村振兴战略的全面推进提供了有力支持。

(三)降低基础设施建设成本

数字文旅在乡村基础设施建设中的应用,不仅提升了建设效率和布局精准性,还显著降低了建设成本,为乡村的可持续发展注入了新的活力。

一方面,数字文旅充分利用 VR、AR 等前沿技术,为基础设施的建设提供了全新的模拟和优化手段。通过构建虚拟的建设环境,相关部门可以在实际施工前对设计方案进行多次模拟和测试,及时发现并修正潜在的问题。这种模拟建设过程的方式,大大减少了实际施工中的材料浪费、工期延误和成本超支等风险,有效降低了建设成本。

另一方面,数字文旅还实现了远程监控和远程协作的功能,进一步降低了人力成本。通过数字化的监控系统,管理人员可以实时掌握建设现场的进展情况,及时发现并处理各种问题,无需频繁前往现场进行巡查。同时,远程协作技术的应用也使得不同地点的专业人员能够实时沟通和协作,共同解决建设过程中的技术难题,提高了工作效率,减少了人力资源的浪费。

(四)助力基础设施可持续发展

数字文旅在乡村基础设施建设中的深入应用,为推动其可持续发展提供了强有力的支撑。依托物联网、大数据等先进技术,数字文旅实现了基础设施的智能化管理,不仅显著提高了资源利用效率,同时有效降低了能耗,为乡村的绿色发展奠定了坚实基础。

物联网技术的应用,使得乡村基础设施的运行状态得以实时监测和智能调控。通过部署各类传感器和智能设备,可以实时收集基础设施的运行数据，如水电使用、交通流量、环境指标等。这些数据通过大数据平台进行分析和处理，为管理者提供了全面、准确的信息支持，使他们能够及时调整和优化基础设施的运行策略，从而提高资源利用效率的同时，减少浪费。

同时，数字文旅注重引导乡村基础设施的建设与乡村生态环境相协调。在规划和设计阶段，数字文旅充分利用大数据分析和模拟技术，评估基础设施对乡村生态环境的影响，确保建设方案符合绿色、可持续的发展理念。在施工过程中，数字文旅也强调采用环保材料和技术，减少对乡村生态环境的破坏，实现基础设施建设与生态保护的和谐共生。

此外，数字文旅还通过推广智能化服务和产品，引导乡村居民形成绿色、低碳的生活方式，进一步促进基础设施的可持续发展。例如，通过智能电表、智能水表等设备的应用，鼓励居民节约水电资源；通过智能垃圾分类系统的推广，提高乡村垃圾处理的效率和环保水平。

二、数字文旅完善数字基础设施建设的具体实施路径

（一）完善乡村信息化基础设施

在数字文旅的蓬勃发展中，坚实而完善的基础设施是其根基所在，是支撑并推动其向高质量发展阶段迈进的物质基石。其中，乡村信息化基础设施的完善更是至关重要的一环。

1.提升网络基础设施的建设水平

数字文旅是以高速且稳定的网络环境为重要依托的。鉴于此，政府部门应充分发挥其引领作用，加大对网络设施建设的资金投入力度，确保资金充足且使用高效。同时，需对网络建设的整体规划和设计进行细致优化，确保网络布局科学合理，既能满足当前需求，又具备前瞻性和可扩展性。在网络设施的日常维护和管理方面，也应建立健全相关机制，确保网络设施的稳定运行和持续更新。通过这一系列举措，旨在显著提升网络传输的速率和稳定性，优化网络服务质量，为数字文旅的蓬勃发展提供坚实可靠

的网络支撑,助力其在数字化转型的道路上行稳致远。此外,还应注重网络技术的升级换代,积极引入先进的网络技术,如5G、物联网等,以进一步提升网络性能,满足数字文旅对高带宽、低延迟网络环境的迫切需求。

2.提升数字化展示设施的建设水平

数字化展示作为数字文旅的核心构成要素,其建设水平的高低直接关系到数字文旅的整体发展质量和游客的体验感受。因此,在加强数字文旅基础设施建设的过程中,政府相关部门应将提升数字化展示设施的建设水平作为重中之重。具体来讲,应积极引进国内外先进的数字化展示设备和技术,确保数字化展示设施的技术先进性和创新性。同时,结合当地的文化旅游资源和特色,建设具有鲜明地域特色和强大吸引力的数字化展示场所,如数字博物馆、数字艺术馆、虚拟现实体验馆等。

在数字化展示设施的建设过程中,还应加快推进VR、AR、5G、区块链等前沿数字技术与文旅产业的深度融合。通过运用这些先进技术,可以打造出更加生动、逼真、互动的数字化展示内容,为游客提供沉浸式、体验式的数字化展示体验。

此外,政府相关部门需加强数字化展示设施的管理与维护,确保其正常运行和持续更新。同时,鼓励和支持文旅企业积极参与数字化展示设施的建设和运营,形成政府引导、企业主体、市场运作的数字化展示设施建设格局,共同推动数字文旅产业的高质量发展。

3.加强数据安全和隐私保护

在数字文旅产业快速发展的背景下,数据安全和用户隐私的安全问题日益突出,已成为制约其可持续发展的关键因素。因此,政府相关部门必须高度重视数据安全与隐私保护,逐步完善相关体系与制度,为数字文旅的健康发展提供坚实保障。具体来说,应建立健全数据安全保护体系,明确数据收集、存储、处理、传输等各环节的安全要求和操作流程,确保数据在整个生命周期中的安全性。同时,加强数据管理和安全监控,运用先进的技术手段对数据进行实时监测和预警,及时发现并处置潜在的数据安全风险。

在隐私保护方面,应制定完善的隐私保护制度,明确游客个人信息的收集、使用、保护等规定，严禁非法收集、滥用或泄露游客个人信息。同时，加强对文旅企业的监管和指导，督促其严格遵守隐私保护制度，切实保护游客的合法权益。

此外，政府相关部门还应加强数据安全与隐私保护的宣传和教育，提高游客和文旅企业的安全意识和防范能力。通过全社会的共同努力，形成数据安全与隐私保护的良好氛围，为数字文旅的可持续发展提供有力保障。

（二）推进数字文化服务中心的建设与运营

为了进一步完善数字文旅的服务体系，建设数字文化服务中心显得尤为重要。该中心将作为数字文化服务工作的核心载体，为乡村及游客提供全方位、多层次的数字文化服务。

在完善乡村数字文化服务中心的设施建设方面，相关部门需深入乡村调研，充分了解乡村的文化需求和资源状况，以此为基础进行设施规划和配置。在硬件设备方面，政府部门应充分发挥其引导作用，通过集中采购一批符合乡村实际需求、技术先进、易于操作的数字文化服务设备和设施，如电子阅读器、多媒体展示屏、虚拟现实设备等，为乡村数字文化服务提供坚实的物质基础。

同时，在软件设施方面也不容忽视。应建立便捷易用的数字文化服务平台，该平台应具备在线学习、文化交流、艺术欣赏等多元化功能，满足游客和乡村居民多样化的文化需求。平台的设计应注重用户体验，界面简洁明了，操作便捷，确保各类用户都能轻松上手。

乡村数字文化服务中心的功能不仅限于提供多媒体服务和多功能体验，还应成为游客获取技术援助和知识普及的重要场所。中心应配备专业的技术人员，为游客提供必要的技术支持和培训，帮助他们更好地利用数字文化服务设备和设施。同时，根据游客的个性化需求，中心还应策划并开展具有地方特色的旅游活动，如文化讲座、艺术展览、民俗体验等，进一步丰富游客的文化体验，增强他们对乡村文化的认知和认同。

为了提高乡村数字文化服务中心的知名度和影响力，中心应制定相应的宣传计划和方案。通过网络、媒体等平台对相关内容进行广泛宣传，吸引更多游客和乡村居民的关注和参与。同时，还应定期举办线下宣传活动，如文化节庆、主题展览等，以及开展相应的培训课程，如数字文化技能培训、乡村旅游导览培训等，以多种形式进行宣传推广。通过这些方式，可以使更多游客和乡村居民了解数字文化旅游的知识和信息，提升他们的文化素养和旅游体验质量。

第三节 开发乡村文旅资源与设计乡村文旅产品

一、开发乡村文旅资源

在乡村振兴这一国家重大战略的宏大背景下，河南省凭借其丰富的自然与文化资源，积极探索并实践乡村文旅资源的开发新路径，取得了令人瞩目的显著成效。通过一系列既富有创新思维又兼具实践价值的策略措施，河南省不仅为乡村经济的发展注入了新活力，还有效推动了乡村文化的传承与创新发展，为乡村振兴战略的深入实施提供了坚实而有力的支撑。

（一）顶层设计

1.高规格推进机制的确立

在乡村文旅资源开发这一系统工程中，河南省展现出了非凡的战略眼光与决策智慧，以高度的责任感和使命感，全力推动乡村旅游的高质量发展。为全面提升乡村旅游的发展质量与综合效益，河南省采取了一系列高规格、系统化的推进措施。

河南省通过召开"三山"（此处"三山"为泛指，具体涵盖伏牛山、太行山、大别山等具有显著旅游开发潜力和独特自然景观的重点山区）片区乡村旅游高质量发展推进会等高层次会议，将乡村旅游的发展明确提升至全省乡村振兴战略的核心位置。这一决策不仅体现了河南省对乡村旅游发展的高度重视,也彰显了其将乡村旅游作为推动乡村振兴重要抓手的战略意图。同时,河南省还将乡村旅游发展纳入政府实绩考核体系之中,通过建立科学合理的考核机制,确保各级党委、政府对乡村旅游开发工作的高度重视和全力支持。这一举措有效激发了各级政府发展乡村旅游的积极性和主动性,形成了上下联动、齐抓共管的良好工作局面。

通过高层级的决策推动和机制保障,河南省为乡村文旅资源的开发奠定了坚实的基础。这一高规格推进机制的构建与确立,不仅为乡村旅游的快速发展提供了有力的政治和组织保障,也为后续的创新发展和持续繁荣奠定了坚实的基础。

2.科学规划的精准实施

在科学规划层面,河南省始终坚持高标准、严要求的原则,以高度的责任感和使命感,精心编制了"三山"片区乡村旅游发展的专项规划。这一规划基于深入调研与分析,充分考虑了各区域的独特特色与丰富资源优势,同时紧密结合了当前旅游市场的实际需求与未来发展趋势,确保了规划的科学性、前瞻性和可操作性。

为了进一步提升乡村旅游的交通便捷性和可达性,河南省联合省交通运输厅共同出台了《河南省旅游公路网规划》。该规划旨在打造一条总长度约1.66万千米的"一带一廊多环"旅游公路网络。这一网络布局巧妙,将省内90%以上的旅游景点和乡村串联起来,不仅极大地缩短了游客前往各旅游景点和乡村的时间,还提高了旅游的便捷性和舒适度,为游客提供了更加顺畅、高效的旅游体验。同时,这一公路网络也成为展示河南省乡村风光和文化魅力的重要窗口,为乡村旅游的发展注入了新的动力。

3.政策支持的全面性与实效性

为了切实保障乡村旅游持续、健康、稳定发展,河南省文化和旅游厅充分发挥其职能作用,联合省直相关部门深入调研、精心谋划,出台了一系列针对性强、操作性强的政策措施。这些政策措施涵盖了乡村旅游发展的多个关键环节,形成了全方位、多层次的政策支持体系。

在财政奖补方面，河南省制定了详细的奖补标准和程序，对符合条件的乡村旅游项目给予一定的资金扶持，显著减轻了项目的资金压力，有效激发了市场主体的积极性和创造力。在用地保障方面，河南省明确了乡村旅游用地的政策导向和用地指标，确保了项目的顺利实施和落地，为乡村旅游的发展提供了坚实的土地支撑。同时，在金融扶持方面，河南省积极引导金融机构加大对乡村旅游项目的信贷投放，通过降低融资门槛、优化贷款条件等方式，为项目提供了充足的资金来源，有效解决了乡村旅游发展中的资金瓶颈问题。

这些政策的出台和实施，不仅为乡村旅游的发展提供了有力的政策保障和支撑，还增强了市场主体的发展信心和动力。在政策的引领下，河南省的乡村旅游项目如雨后春笋般涌现，呈现出蓬勃发展的良好态势。

（二）品牌培育与示范带动

1. 乡村康养旅游示范村的创建与标准化推进

在乡村文旅资源开发的深入探索中，河南省联合省乡村振兴局率先在全国范围内开展了乡村康养旅游示范村的创建工作。这一创举不仅体现了河南省在乡村旅游领域的创新精神和前瞻思维，也为全国乡村旅游的发展提供了新的思路和模式。为确保乡村康养旅游示范村创建工作的顺利进行和高效推进，河南省制定并推出了全国首个乡村康养旅游示范村的省级地方标准。这一标准的实施，标志着河南省在乡村康养旅游领域迈出了规范化、标准化的重要一步。该标准将休闲康养、民宿旅居等新兴旅游业态与乡村建设、共同富裕等战略目标紧密结合，实现了在布局上的统一规划和在打造上的一体化推进。

通过这一标准的引领和规范，河南省乡村康养旅游示范村在规划建设、设施配套、服务管理等方面得到了有效的提升。这不仅为乡村康养旅游的发展提供了明确指导，也促进了乡村旅游产业的转型升级和提质增效。同时，这一标准的实施还有助于提升乡村旅游的品质和竞争力，吸引更多游客前来体验乡村康养旅游的魅力，为乡村经济的发展注入新的活力。

2.认定与奖补机制的建立与实施

为充分调动各地发展乡村旅游的积极性和主动性，河南省在乡村康养旅游示范村创建过程中，建立了一套科学完善的认定与奖补机制。这一机制通过严格的评审和认定程序，确保示范村的品质和水平达到既定标准，从而推动乡村旅游的高质量发展。

在具体实施中，河南省分两批次遴选了391个全省乡村康养旅游示范村创建单位。这些创建单位经过多轮筛选和评审，最终在品质、设施、服务等多个方面都达到了较高的水平。通过这一严格的认定程序，河南省确保了示范村的品质和水平，为乡村旅游的持续发展奠定了坚实基础。同时，为激励已认定的示范村进一步提升品质和服务水平，河南省对首批40个4A级乡村康养旅游示范村所在县（市）给予了共计3.2亿元的奖补资金。这一奖补资金的发放，不仅为示范村的发展提供了有力的资金支持，帮助它们完善基础设施、提升服务质量，还极大地激发了各地发展乡村旅游的积极性和创造性。在奖补机制的激励下，各地纷纷加大投入、创新模式，推动乡村旅游不断迈上新的台阶。

3.多层次、多元化乡村旅游品牌体系的打造

近年来，河南省在乡村旅游品牌打造方面持续发力，取得了令人瞩目的显著成效。通过科学规划与有效实施，河南省在乡村旅游品牌建设上取得了突破性进展，成功打造了38个全国乡村旅游特色村，这些特色村以其独特的自然风光、丰富的文化内涵和优质的旅游服务，吸引了大量游客前来观光体验。同时，河南省还打造了3个全国乡村旅游重点镇，这些重点镇在乡村旅游发展中发挥了重要的引领和示范作用。

此外，河南省还积极认定了584个乡村旅游特色村。这些特色村遍布全省各地，形成了各具特色、各具魅力的乡村旅游产品体系。同时，为了进一步提升乡村旅游的品质和内涵，河南省还认定了50个省级休闲观光园区和50个特色生态旅游示范镇，这些园区和示范镇在乡村旅游发展中发挥了重要的补充和拓展作用。值得一提的是，河南省还打造了10个乡村旅游创客示范基地，为乡村旅游的创新发展提供了有力的平台和支持。通过这些品牌的打造和认定，河南省不仅丰富了乡村旅游的产品体系和内涵，还

极大地提升了乡村旅游的知名度和美誉度。

综上所述，河南省已经形成了多层次、多元化的乡村旅游品牌体系，这一体系的建立为河南省乡村旅游的持续健康发展提供了有力的支撑和保障。未来，河南省将继续加强乡村旅游品牌建设，推动乡村旅游不断迈上新的台阶。

（三）文旅融合与创新发展

1.文化产业特派员制度的率先启动

河南省在全国范围内率先启动"文化产业特派员"制度试点工作，这一创新举措通过选聘富有情怀、充满创意的艺术家、企业家、设计师等优秀人才担任文化产业特派员，深入乡村一线，为乡村文旅产业的发展注入新的活力和动力。

这些文化产业特派员不仅怀揣着对乡村文化的热爱和对文旅产业的热情，更带着先进的理念、技术和资金来到乡村，与当地居民携手合作，共同挖掘和激活乡村独特的文旅资源。他们通过创意设计、产品创新、市场营销等多种手段，将乡村的传统文化、自然风光、民俗风情等转化为具有吸引力的文旅产品，成功吸引了大量游客前来观光体验。

在特派员的引领和带动下，乡村文旅产业得以焕发新的生机与活力。他们不仅提升了乡村文旅产品的品质和内涵，还拓展了市场发展空间和潜力。同时，特派员们还通过传授经验、培训人才等方式，帮助乡村培养了一批懂经营、会管理的文旅产业专业人才，为文旅产业的持续发展提供了有力的人才保障。

河南省"文化产业特派员"制度的启动和实施，为乡村振兴注入了新的动力，也为全国乡村旅游的发展提供了新的思路和模式。这一制度的成功实践，不仅促进了乡村文旅产业的繁荣发展，也为乡村振兴战略的深入实施提供了有力的支撑和保障。

2.文旅文创融合的深入实施

河南省在推动文化和旅游融合发展方面走在前列，深入实施了文旅文创融合战略。这一战略的核心在于积极探索文化和旅游的最佳结合点，通过资源互补、优势叠加，促进二者的深度融合、活态融合，从而打造出具有鲜明地方特色和深厚文化底蕴的文旅产品。

在具体实践中，河南省开展了诸多富有创意和实效的融合项目。其中，"非遗点亮老家河南"青年乡村营造行动就是一个典型的例子。这一行动巧妙地将非遗文化与乡村旅游相结合，通过在乡村落地非遗空间和文创项目，不仅有效保护了非遗文化，使其得以传承和发扬，同时也极大地丰富了乡村旅游的内涵和体验。

非遗空间的设立，为游客提供了一个近距离接触和了解非遗文化的平台。在这里，游客可以亲眼看见非遗技艺的展示，体验非遗产品的制作，深刻感受到非遗文化的独特魅力和深厚底蕴。而文创项目的引入，则进一步提升了乡村旅游的吸引力和竞争力。这些项目将非遗元素与现代设计理念相结合，创作出了一系列既具有传统韵味又符合现代审美的文创产品，深受游客的喜爱和追捧。

通过文旅文创的深度融合，河南省不仅成功打造了一批具有鲜明地方特色和深厚文化底蕴的文旅产品，还有效推动了文化和旅游产业的协同发展。这一战略的实施，不仅为河南省的乡村旅游注入了新的活力和动力，也为全国的文化和旅游融合发展提供了新的思路和借鉴。

3.新业态的培育与发展

河南省在乡村旅游的发展过程中，高度重视新业态的培育与发展，通过鼓励各地结合当地资源禀赋和文化特色，积极推动乡村民宿、研学旅行、健康养生等新业态的兴起，为乡村旅游注入了新的活力和元素。

在乡村民宿方面，河南省充分利用当地的红色文化资源和自然景观，打造了一批具有独特魅力的民宿集群。例如，"红旗渠人家"等5个民宿集群，不仅为游客提供了舒适的住宿环境，还让游客在体验中感受到了浓厚的红色文化氛围和自然风光的魅力。同时，河南省还认定了28家星级旅游民宿，这些民宿在设施、服务、品质等方面都达到了行业领先水平，为游客提供了高品质的住宿体验。

除了乡村民宿，研学旅行和健康养生等新业态也在河南省得到了快速发展。研学旅行方面，河南省依托丰富的历史文化和自然资源，开发了一系列具有教育意义的研学旅行产品，让游客在旅行中学习知识、增长见识。健康养生方面，河南省结合当地的自然环境和中医药文化，推出了一系列健康养生旅游项目，满足了游客对健康生活的追求和需求。

这些新业态的培育与发展，不仅丰富了乡村旅游的产品体系，还满足了游客多样化的需求。它们为乡村旅游产业的转型升级提供了新的方向和动力，推动了乡村旅游从单一的观光旅游向多元化、特色化方向发展。未来，河南省将继续加强新业态的培育与发展，推动乡村旅游产业持续健康发展。

（四）宣传推介与市场营销

1.全媒体矩阵宣传的构建与运用

河南省在推动乡村旅游发展的过程中，高度重视宣传推广工作，精心打造了"老家河南"全媒体矩阵。这一矩阵不仅整合了官方网站、微信公众号、客户端等新媒体平台，还充分发挥了各平台的优势，形成强大的宣传合力，为河南乡村旅游推广提供了有力支撑。

为了扩大宣传覆盖面和影响力，河南省还与新华社、字节跳动等主流媒体建立了紧密的合作关系。通过这些主流媒体的广泛传播，河南乡村旅游的魅力和特色得以被更多人所知晓。同时，河南省还积极与境外新媒体账号合作，将河南乡村旅游的宣传推向国际舞台，吸引了更多境外游客的关注。

在此基础上，河南省推出了一系列特色鲜明的宣传活动。例如，"过大年回老家"活动，让游客在春节期间感受到浓厚的家乡氛围和乡村文化的独特魅力；"老家灯会"活动，以灯火辉煌的灯会形式展示了河南乡村的夜景之美和文化底蕴。这些活动不仅丰富了乡村旅游的文化内涵，还提高了游客的参与度和满意度，进一步提升了河南乡村旅游的知名度和美誉度。河南省通过构建和运用全媒体矩阵宣传，以及推出一系列特色活动，有效地推动了乡村旅游的发展，让更多人了解了河南乡村的美丽风光和独特文化，也为河南乡村旅游的持续繁荣注入了新的活力。

2.广告投放与品牌推广的精准实施

在广告投放与品牌推广方面,河南省展现出了高度的战略眼光和精准的执行能力。通过实施精准定位、精准投放的策略,河南省成功地将乡村旅游的独特魅力和深厚文化底蕴推向了更广阔的舞台。

中央电视台作为全国最具影响力的媒体平台之一,成为河南省展示乡村旅游形象的首选。河南省在此投放了"行走河南·读懂中国"文化旅游广告宣传片。这部宣传片以精美的画面、生动的解说和深情的配乐,将河南乡村旅游的壮美风光、悠久历史和独特文化展现得淋漓尽致。它不仅吸引了全国观众的眼球,更激发了他们对河南乡村旅游的浓厚兴趣和向往。

除了中央电视台,河南省还与河南广播电视台展开了深度合作,共同推出了"奇妙游""中国节日"系列节目。这些节目深入挖掘了河南丰富的文化旅游资源,以新颖的形式、独特的视角和生动的讲述,向观众展现了河南乡村旅游的无限魅力和独特风采。它们不仅让观众在欣赏美景的同时,了解了河南的历史文化和民俗风情,还进一步提升了河南乡村旅游的知名度和影响力。

通过精准的广告投放和品牌推广策略,河南省成功地将乡村旅游的形象和品牌推向了全国乃至世界。这些举措不仅为河南乡村旅游的发展注入了新的活力,还为文化旅游事业做出了积极贡献。未来,河南省将继续坚持精准定位、精准投放的策略,不断创新广告宣传和品牌推广的方式方法,为乡村旅游的繁荣发展贡献更多力量。

3.助农专项活动的创新开展

河南省在推动乡村振兴和乡村旅游发展的过程中,积极创新思路,开展了"河南DOU是好风光"乡村游助农专项活动。这一活动充分利用了抖音等新媒体平台的广泛影响力和强大传播力,为乡村旅游产品提供了全新的展示和销售渠道,有效促进了乡村旅游的繁荣发展。

在助农活动中,河南省精心组织,周密部署,成功帮扶132个助农商家,上线了2457个具有乡村特色的商品。通过这些商家的积极参与和商品的丰富多样,满足了游客对乡村旅游产品的多样化需求。同时,河南省还开展了20,756场直播活动，让游客能够身临其境地感受乡村旅游的魅力，进一步激发了游客的旅游热情。

该活动还帮扶了8942名创作者，为他们提供了展示才华和实现价值的舞台。这些创作者通过创作和分享关于乡村旅游的短视频、直播等内容，不仅提升了自己的知名度和影响力，也为乡村旅游的宣传推广做出了积极贡献。据统计，该活动的传播总量达到了6亿次，带动助农交易额近8000万元。这一显著的经济效益和社会效益，充分证明了河南省在助农专项活动方面的创新实践和成功探索。通过这一活动，不仅有效提升了乡村旅游产品的知名度和销售量，也为农民增加了收入，带动了乡村经济的发展，为乡村振兴注入了新的活力和动力。

河南省通过深入开发乡村文旅资源，推动乡村旅游接待游客人数和营业收入实现了持续增长，为当地农民带来了更多就业机会和收入来源，有力推动了乡村经济的繁荣发展。以登封市为例，2023年乡村旅游接待游客数量达到了480万人次，实现营收23亿元，充分展示了乡村旅游的巨大潜力和广阔前景。

乡村旅游的兴起不仅为农民提供了在家门口就业的机会，还通过销售农产品、提供民宿服务等方式，增加了农民的收入，显著改善了生活条件。同时，乡村旅游的发展也促进了乡村基础设施的改善和公共服务水平的提升。为满足游客的需求，乡村地区不断加大基础设施建设力度，完善交通、水电、通信等配套设施，提升了乡村的整体形象。此外，公共服务水平的提升也让乡村居民享受到了更加便捷、高效的服务，提高了他们的生活质量和幸福感。

更重要的是，乡村旅游已成为传承和弘扬乡村文化的重要途径。通过乡村旅游，游客可以亲身体验乡村的民俗风情、传统文化和手工艺等技艺，感受乡村的独特魅力。这种文化的传承和弘扬，不仅增强了乡村的文化自信，也促进了乡村文化的多样性和繁荣。

随着消费升级和人民对美好生活的向往，乡村旅游市场潜力巨大。河南省将继续深化乡村文旅资源的开发，充分挖掘乡村的自然风光、历史文化、民俗风情等资源，打造更多具有特色的乡村旅游产品。同时，河南省还将加强乡村旅游的规划和管理，提升乡村旅游的服务质量和水平，推动乡村旅游高质量发展。总之，乡村旅游已经成为河南省乡村振兴的重要支撑和动力源泉。未来，河南省将继续加大乡村旅游的开发力度，推动乡村旅游持续健康发展，为乡村振兴注入新的动力。

二、建立健全乡村文旅产品体系

在乡村文旅资源的深入开发过程中，河南省深刻认识到建立健全乡村文旅产品体系对提升乡村数字文旅消费规模的重要性。为此，河南省从产品创新、服务个性化、聚焦特色以及打造数字化品牌等多个维度入手，全面推动乡村文旅产品的优化升级，着力构建具有吸引力和竞争力的乡村数字文旅产品体系。

（一）创新数字文旅产品，丰富消费选择

为了满足消费者日益多样化和个性化的需求，河南省积极探索数字文旅产品的创新路径。一方面，河南省在传统文旅产品的基础上，融入数字技术元素，推出了线上游戏、VR/AR 体验等互动娱乐内容，让游客在虚拟世界中感受乡村的独特魅力。另一方面，河南省还拓展数字文旅产品的边界，将在线博物馆、数字文化展览等文化教育领域纳入其中，为游客提供更加丰富多样的文化体验和学习机会。

在推广和宣传方面，河南省充分发挥社交媒体、旅游平台等渠道的优势，对数字文旅产品进行广泛的宣传和推广。通过精准定位目标受众并制定有针对性的营销策略，河南省成功吸引了大量游客的关注和参与。同时，河南省还注重与旅游企业、文化机构等建立紧密的合作关系，共同推动数字文旅产品的开发和推广。这种产业生态和合作机制的形成，不仅促进了数字文旅产品的创新发展，还提升了产品的知名度和影响力。

河南省在建立健全乡村文旅产品体系方面取得了显著成效。通过创新数字文旅产品、丰富多元化消费选择以及加强推广和宣传等措施，河南省

成功提升了乡村数字文旅的消费规模，为乡村旅游的持续发展注入了新的动力。未来，河南省将继续深化乡村文旅产品的开发和创新，推动乡村数字文旅消费不断升级，为乡村振兴贡献更多力量。

（二）推广个性化的定制服务，提升消费者体验

在数字文旅产业的发展中，个性化定制服务已成为提升消费者体验和满意度的重要途径。数字文旅从业者应深刻认识到，每位消费者都有其独特的需求和偏好，因此提供个性化的定制服务显得尤为重要。数字文旅从业者可以根据消费者的兴趣、时间、预算等因素，为他们量身定制行程安排。无论是乡村旅游的线路规划，还是特定景点的深度游览，都可以根据消费者的需求进行灵活调整，确保他们能够充分体验到乡村的独特魅力和文化底蕴。

此外，私人讲解服务也是个性化定制服务的重要组成部分。专业的讲解员可以根据消费者的兴趣和知识水平，提供深入浅出的讲解，帮助其更好地了解乡村的历史、文化和风土人情。这种个性化的讲解服务不仅能够增加消费者的知识收获，还能提升他们的旅游体验感。同时，数字文旅从业者还可以根据消费者的特殊需求，为他们打造专属主题旅游活动。比如，对于喜欢摄影的消费者，可以安排专门的摄影主题游，带他们前往乡村中的最佳拍摄点，捕捉那些转瞬即逝的美丽瞬间；对于喜欢亲子活动的家庭，可以设计亲子互动主题游，让他们在乡村旅游中增进亲子关系，共同度过愉快的时光。

总之，推广个性化的定制服务是数字文旅产业发展的重要方向。通过满足消费者的特殊需求，增加他们的体验感，数字文旅从业者可以提高消费者的满意度和用户黏性，进而推动乡村文旅产业的持续健康发展。

（三）聚焦特色文化，打造独特文旅产品

乡村数字文旅的发展，离不开对本土文化、历史、民俗等资源的深入挖掘和聚焦。这些独特的文化资源是乡村的魅力所在，也是吸引消费者的

重要因素。因此,数字文旅从业者应充分重视并利用这些资源,打造具有鲜明地方特色的文化产品。

首先,需深入开展乡村的本土文化的调研与挖掘工作。通过走访村民、查阅历史资料、实地考察等方式,全面了解乡村的文化底蕴和特色。在此基础上,结合现代科技手段,如数字化、虚拟化等,将传统文化以新颖、生动的方式呈现出来,使消费者能够身临其境地感受乡村文化的魅力。其次,应着力打造独特的文化产品。这些产品可以包括文化衍生品、特色手工艺品、民俗表演等,既要体现乡村的文化特色,又要符合现代消费者的审美需求。这些文化产品不仅可以增加乡村的经济收入,还能提升乡村的知名度和影响力。同时,政府相关部门在乡村数字文旅的发展中扮演着重要角色。应加大对本土文化的保护和传承力度,制定相关政策措施,鼓励和支持乡村文化的传承和发展。同时,要加强文化市场的监管,打击非法文化产品和服务,维护良好的市场秩序。最后,政府还可以通过举办文化节庆活动、文化展览等方式,营造良好的文化氛围,提高消费者的文化认同和消费理念。这些活动不仅可以展示乡村的文化魅力,还能增强消费者对乡村文旅产品的兴趣和购买意愿。

(四)打造数字化品牌,助力文旅高质量发展

在数字文旅的蓬勃发展中,品牌塑造和传播成为推动产业高质量发展的关键要素。一个具有知名度和美誉度的数字化品牌,不仅能够赢得消费者的信任与忠诚,还能有效扩大消费规模,促进文旅产业的持续繁荣。

要打造数字化品牌,首先需明确品牌定位。乡村数字文旅品牌应紧密围绕本土文化、特色资源和旅游体验,形成独特且鲜明的品牌形象。这一品牌形象应既体现乡村的自然风光和人文底蕴,又符合现代消费者的审美需求和旅游期望。其次,要通过多渠道进行品牌传播。社交媒体作为当今信息传播的重要平台,具有广泛的覆盖度和高度的互动性。因此,应充分利用社交媒体渠道,如微博、微信、抖音等,发布乡村文旅的精彩瞬间、特色活动和游客评价,让更多人了解并关注乡村数字文旅品牌。同时,还

可以与旅游平台、在线旅行社等合作，将品牌融入其旅游产品体系中，进一步扩大品牌的影响力。最后，在品牌传播过程中，要注重内容的质量和创新性。要挖掘乡村文旅的独特魅力，以故事化、情感化的方式呈现给消费者，激发他们的旅游兴趣和欲望。同时，要结合现代科技手段，如VR/AR技术、直播互动等，为消费者提供沉浸式的品牌体验，增强品牌的吸引力和记忆点。

此外，还要注重品牌的维护和提升。要建立完善的品牌管理体系，确保品牌形象的一致性和稳定性。同时，要持续关注市场动态和消费者需求的变化，及时调整品牌策略和传播方式，保持品牌的活力和竞争力。

第四节 推动数字技术在乡村文旅产业中的应用

一、实现乡村文旅产业的数字化转型

实现数字文旅赋能乡村振兴，必须明确数字文旅与其他系统融合的思路。推动乡村文旅产业的发展，就要发挥文化持有者、文旅创作和文化遗产在数字文旅融合发展中的协同作用。

首先，实现文化持有者向数字文旅形象大使的转变。不同于普通的民众，乡村文化持有者熟知乡村的文化民俗、风土人情等文旅资源，是使文化资源升级为乡村文旅产业最具影响力的主体。通过实现这一角色转变，既能维系乡村文明的稳定性和独特性，又能增强乡村文旅产业与数字技术的融合力度和强度。

其次，实现文旅创作向数字文旅产品的转变。5G、物联网、数据中心、人工智能等数字技术的开发应用，为乡村凝练和创作乡村文旅资源搭建了便捷化、智能化、体验化的平台。这是凭借文旅创意向数字文旅产品发展，并在此基础上打通数字文旅产品生产、流通、消费等环节来获取经济利益的有效方式。

最后，实现非物质文化遗产向数字文旅核心资源的转变。纯粹原生的

乡村生活方式，可以在数字技术的融合作用下，实现传统农耕文明由抽象概念向数字文旅产品具象体验转化。通过科技、资本等手段保留乡村文明原始、神秘、纪念等特质，从而传递、交换乡村文字符号与文化遗产，并在此基础上转化为乡村数字文旅的核心资源。

二、加快乡村文化资源的数字化转型

在城镇化浪潮的推动下，乡村人口数量持续减少，村庄亦在逐步消失，这一趋势对农耕文明的传承与发展构成了严峻挑战。作为文化传承的关键载体，人口与村庄在维系农耕文明延续中的作用举足轻重。鉴于此，亟须依托数字技术，对乡村民间文化实施数字化保存策略，对独具特色的自然景观与丰富的人文遗产进行全面且系统的记录。针对庙宇等承载深厚文化底蕴的物质载体，可运用数字科技渲染与虚拟影像等先进技术，进行生动展现与细腻渲染，从而打破地域限制，实现文化资源的广泛共享。

此外，为进一步扩大乡村文旅资源的影响力，可充分利用公众号、抖音、微博等网络媒体平台，提高乡村文旅资源的曝光度，激发游客对观光与体验的浓厚兴趣，促进乡村文旅资源在更广泛的地域与领域间实现有效传播。

乡村文旅资源的价值，在智慧旅游与旅游交易两大方面得以充分体现。针对这两大核心领域，应采取以下具体措施。

其一，着力构建乡村数字文旅智慧服务平台。该平台应涵盖景点详细介绍、开放时间准确信息、旅游线路个性化推荐、便捷交通出行指南、在线购票平台等基础服务。同时，平台需在公众号、小程序以及定制App等日常化功能载体上，提供景区联系方式、开通在线沟通服务，并实时监测乡村旅游区的运营状况，形成集多种智能服务功能于一体的综合平台。

其二，积极打造乡村数字文旅便民电商平台。电商的兴起已彻底改变了传统的商务活动模式，有效降低了运营成本，并显著提升了服务效率。乡村数字文旅便民电商平台的主要职责，在于实现乡村文旅产品的顺畅输出。具体而言，该平台应充分利用网络通信技术、金融支付技术以及供应链技术等先进手段，确保文旅产品线上交易过程的顺利进行。当前，微信小程序、移动商城以及电子商务网站等已成为大众消费生活中不可或缺的工具。乡村文旅资源应紧跟时代潮流，充分利用这些交易平台，搭建起农产品与文旅产品的销售中心。在乡村地区数字化转型的进程中，不断完善乡村数字文旅电商生态，为乡村文旅产业的蓬勃发展注入新的活力。

三、完善乡村文旅市场的数字化治理

随着数字技术的迅猛发展与日益广泛的应用，乡村文旅治理领域正迎来一场前所未有的深刻变革。这一变革不仅突破了传统治理机制和方法的诸多局限，更为实现乡村文旅治理的高效、精准转型提供了坚实的技术支撑和广阔的发展空间。

（一）从治理主体层面考量

在乡村文旅市场的数字化治理过程中，治理主体的多元化是确保治理效果的关键所在。因此，我们必须充分发挥政府、村民、企业等多元主体的协同推动作用，共同构建起一个全方位、多层次的乡村文旅市场数字化治理新格局。

1.强化政府文旅主管部门的数字化管理

政府作为乡村文旅市场治理的主导力量，其数字化管理能力的提升对于整个治理体系的完善至关重要。为此，政府应积极推进"数字+服务"管理工程，将数字技术与文旅管理深度融合，以科技赋能文旅治理。同时，政府应紧密跟踪乡村数字文旅市场的最新发展动态，深入开展治理工作的前瞻性研究，把握数字文旅市场的发展规律和趋势。

在具体实践中，政府文旅主管部门应建立科学、合理的管理链条和管理流程，确保数字文旅市场的规范有序运行。这包括制定完善的数字文旅市场准入规则、监管机制和评价标准，以及建立健全的数字文旅信息安全保障体系等。

此外，政府文旅主管部门还应充分利用数字技术高效、便捷的特点，提升管理效率，优化服务流程，为乡村文旅产业的健康发展提供有力保障。通过数字化管理手段的运用，政府可以更加精准地掌握乡村文旅市场的运行状况，及时发现并解决问题，从而推动乡村文旅市场的持续繁荣与发展。

2.提高农民主体的参与意识和责任意识

数字技术的广泛渗透与深入应用，既能极大地改变了村民之间的传统交流方式，使信息传播更加迅速、便捷，又能深刻地唤醒村民在乡村数字文旅治理中的主体意识，使他们逐渐认识自身在乡村文旅发展中的重要作用。为了充分发挥村民在数字化治理中的积极作用，政府应积极引导村民参与数字文旅的治理，实现由政府为主的单向管理向政府、村民双向互动、共同治理的转化。

政府可以通过举办数字文旅培训、宣讲会等活动，增强村民对数字文旅的认知和理解，提高他们的数字技能水平，从而为他们参与数字化治理提供必要的能力支撑。同时，政府还应建立健全与村民之间的信息反馈机制，畅通信息反馈渠道，确保村民的意见和建议能够及时、准确地传达给相关部门，为政策制定和调整提供重要参考。

此外，政府还应努力打破官民之间的交流壁垒，营造开放、包容的治理氛围，鼓励村民积极参与乡村文旅市场的数字化治理实践。通过提高农民的参与意识和责任意识，激发他们的积极性和创造力，使他们成为乡村文旅市场数字化治理的积极参与者和推动者。共同推动乡村文旅市场的数字化治理进程，促进乡村文旅产业的持续健康发展。

3.探索乡村数字文旅多元力量的协同发展模式

在新时代的背景下，乡村数字文旅治理的发展方向应更加注重多元力量的整合与协同，将新乡贤、社会组织等多方力量有机纳入数字文旅产业融合治理体系之中，形成强大的治理合力。新乡贤作为乡村社会的精英群体，他们不仅拥有丰富的社会经验和资源，还对乡村文化有着深厚的感情和独特的理解。因此，新乡贤可以为乡村数字文旅治理提供有力的人才支持和智力支撑。他们通过引领和示范，带动更多村民积极参与到数字文旅的发展中来。同时,社会组织在乡村数字文旅治理中也发挥着不可或缺的作用。社会组织具有灵活性和专业性,能够快速响应市场需求,为乡村数字文旅提供多样化的服务和支持。更重要的是,社会组织能够在政府与村民之间架起沟通的桥梁,促进各方力量的有效协同和合作,形成政府主导、村民主体、社会参与的乡村数字文旅治理新格局。

为了探索多元力量的协同发展模式,我们需要建立健全的协同机制,明确各方的职责与分工,确保在统一的框架下有序开展工作。同时,我们还需要加强各方之间的信息交流和共享,提高治理的透明度和效率。通过深入探索和实践多元力量的协同发展模式,我们可以充分发挥各方力量的优势,共同推动乡村文旅市场的数字化治理取得更大成效,为乡村文旅产业的繁荣发展注入新的活力。

(二)从治理内容层面考量

在乡村文旅市场的数字化治理内容层面,我们需着重优化和提升乡村文旅市场的整体环境,为数字文旅产业的健康、可持续发展提供坚实有力的保障。

1.营造乡村数字文旅良好的创新氛围

随着数字技术的飞速发展,乡村传统文旅产业与数字技术的深度融合已成为不可阻挡的趋势。为了推动乡村数字文旅产业的创新发展,我们必须持续关注当下市场的最新动态,紧跟市场热点,不断推进各方面的创新实践。

政府在此过程中应发挥积极作用,通过搭建创新平台为乡村文旅企业提供更多的创新资源和机会。一方面,可以通过制定相关政策和措施,鼓励和支持乡村文旅企业加大研发投入,推动技术创新、产品创新和服务创新,不断提升乡村数字文旅产业的竞争力和影响力;另一方面,政府还应加强与国际先进地区的交流合作,积极引进国际先进理念和技术,为乡村数字文旅产业的创新发展注入新活力。通过与国际接轨,我们可以学习借鉴国际先进经验,拓宽视野,提升水平,推动乡村数字文旅产业走向更高层次的发展阶段。由此可见，营造乡村数字文旅产业的良好创新氛围，是推动乡村文旅市场数字化治理的重要内容之一。我们将通过持续创新、加强合作等措施，不断优化乡村文旅环境，为数字文旅产业的健康发展提供有力保障。

2.营造乡村数字文旅良好的生态环境

在数字文旅发展转型的背景下，将生态环境保护纳入乡村文旅的发展内容之中已成为必然要求。数字化技术不仅为文化传播、旅游产业等领域带来了革命性的变革，其成果更可以广泛延伸至乡村生产、生活的各个方面，为乡村的全面发展提供有力支撑。

为了推动乡村数字文旅与生态环境的和谐共生，我们应积极顺应"智慧农业""数字乡村"等发展趋势，充分发挥数字技术的优势，提升农业生产的清洁性和安全性。通过引入智能农业管理系统、精准农业技术等手段，实现农业生产的精细化、智能化管理，减少化肥、农药等化学物质的使用，降低对环境的污染和破坏。

同时，我们还应利用数字技术提高资源利用的效率和循环性。通过建立乡村资源数字化管理平台，对乡村的土地、水资源、能源等进行全面、实时的监测和管理，实现资源的合理配置和高效利用。此外，还可以推广循环经济模式，鼓励乡村企业采用清洁生产方式，实现废弃物的资源化利用，减少资源浪费和环境污染。

在优化乡村生态环境的过程中，我们还应注重提升游客的旅游体验。通过打造生态景观、绿色旅游产品等，为游客提供更加优美、舒适的旅游环境。同时，加强乡村环境的保护和治理，保持乡村的原始风貌和独特魅力，让游客在享受旅游乐趣的同时，也能感受到乡村生态环境的美丽和宜人。

综上所述，营造乡村数字文旅产业的良好生态环境，是实现乡村文旅市场数字化治理的重要内容之一。我们将通过积极推动"智慧农业""数字乡村"等趋势的发展，利用数字技术提升农业生产的清洁性和安全性，提高资源利用的效率和循环性，为乡村数字文旅产业的可持续发展奠定坚实基础。

3.营造乡村数字文旅良好的法治环境

数字化作为一种基于数字空间存在的新型发展模式，其应用领域具有广泛的公共性，涉及众多主体的利益和权益。因此，为了保障乡村数字文旅产业的健康发展，我们必须制定和完善相应的监管政策，确保各相关主体在乡村数字文旅发展中的行为合法合规。

政府作为市场监管的主体，应加强对乡村数字文旅市场的监管力度，建立健全监管机制，确保市场秩序的规范有序。具体而言，政府应加大对违法违规行为的打击力度，对制假售假、欺诈消费者等违法行为进行严厉查处，维护消费者的合法权益。同时，政府还应加强对乡村数字文旅市场的日常监管，通过定期检查、随机抽查等方式，及时发现并纠正市场中的不规范行为。

此外，知识产权保护在乡村数字文旅产业发展中具有举足轻重的地位。在利用大数据、人工智能等新兴技术过程中，我们必须格外强调对文化生产者、技艺传承人等文旅主体的知识产权保护。政府应完善知识产权保护制度，加大对侵权行为的打击力度，为文旅主体提供有力的法律保障。同时，政府还应加强对知识产权的宣传和普及工作，提高公众的认知和尊重程度，营造良好的知识产权保护氛围。

（三）推动乡村文旅融合的数字化应用

随着数字化工业时代的全面到来，数字技术以其无与伦比的影响力深入渗透乡村文化产业和旅游业的各个领域，为乡村文旅的融合发展带来了前所未有的机遇。这要求我们必须从整体角度出发，全面把握数字技术与乡村文旅业态的融合程度，以及未来的发展趋势，积极推动乡村文旅融合的数字化应用。

1.要推动数字文旅赋能乡村振兴的多元应用

为了充分发挥数字技术在乡村文旅中的赋能作用，我们应充分利用数字技术的优势，精准对接市场需求，不断推进乡村文旅产品与服务的数字化升级。通过数字化手段，我们可以促进乡村文旅产品实现个性化与多样性的完美结合,为游客提供更加丰富、立体、全面的多元体验。我们可以运用VR、AR等前沿技术,打造一系列沉浸式旅游体验项目,让游客在虚拟与现实的交织中感受到乡村的独特魅力和文化底蕴。同时,利用大数据分析技术,我们可以对游客的消费行为、偏好和需求进行深度挖掘,从而精准推送个性化旅游产品和服务,满足游客的多元化需求。

此外,我们可通过数字化平台实现乡村文旅资源的共享与整合。通过搭建乡村文旅数字化平台,可以将乡村的景点、民宿、特色产品等资源进行有机整合,形成完整的产业链和生态圈,提升乡村文旅的整体竞争力。同时,数字化平台还可以为乡村文旅企业提供更多的市场机会和合作空间,促进乡村文旅产业的繁荣发展。

推动数字文旅赋能乡村振兴的多元应用,是文旅融合发展的必然选择。我们将充分利用数字技术的优势,不断创新乡村文旅产品与服务,为游客提供更加优质、多元的旅游体验,推动乡村文旅产业的数字化、智能化发展。

2.要提升数字文旅赋能乡村振兴的综合保障能力

产学研合作模式作为推动乡村数字文旅融合发展的重要途径,其重要性不言而喻。为了充分发挥这一模式的作用,我们必须加强政府、企业、高校及科研机构之间的紧密合作与交流,共同推动数字文旅领域的技术创新与应用实践。通过深化合作,我们可以汇聚各方智慧和力量,形成创新合力,为乡村数字文旅产业的发展注入新的活力。

同时,在数字文旅领域实现关键性技术突破并提高自主可控能力,也是提升综合保障能力的重要一环。我们应该加大对关键技术的研发投入,鼓励企业、高校和科研机构开展联合攻关,突破一批核心技术和瓶颈技术,为乡村数字文旅产业的发展提供坚实的技术支撑。此外,为了保障数字文旅产业的健康发展,我们还需要合理引导社会资本流入,为产业发展提供充足的资金支持。政府可以通过制定相关政策和措施,鼓励社会资本投资乡村数字文旅产业,拓宽融资渠道,降低融资成本,从而为产业的发展提供有力的资金保障。

在加强数字文旅知识产权保护方面,我们必须高度重视,维护创新者的合法权益。通过建立健全知识产权保护制度，加大对侵权行为的打击力度，营造良好的知识产权保护氛围，激发创新者的创新热情和积极性。同时，我们还需要对相关数字危险源进行风险评估与防控，确保数字文旅产业的安全可控。通过加强网络安全管理，完善网络安全防护体系，提高网络安全防范能力，确保乡村数字文旅产业在数字化进程中不受安全威胁。此外，我们应着力打造乡村数字文旅网络安全和生态文明良好的发展环境。通过加强网络文明建设，倡导绿色上网、文明用网，营造良好的网络生态；同步推动生态文明建设，促进乡村数字文旅产业与生态环境的和谐共生，为产业的可持续发展提供有力保障。

第五节　培养数字文旅人才

一、数字化时代对文旅人才提出新的要求

（一）熟练掌握并灵活应用数字化技术成为必备技能

随着数字技术与文旅产业的深度交融，数字化技术已不再是可选项，而是成为文旅从业者必须掌握的核心技能。这一要求源于文旅行业自身特性的深刻变化。

一方面，文旅行业作为服务性行业，其运营过程中产生了海量的数据资源。这些数据涵盖游客的行为习惯、偏好选择、消费模式，以及旅游资源的分布状况、利用效率等多维度信息。如何有效地收集、整理、分析这些数据，并从中挖掘出有价值的市场洞察，成为文旅企业优化决策、提升服务质量的关键。大数据技术的精准应用，能够帮助企业和组织揭示市场动向，预测消费趋势，从而优化产品和服务的供给结构，实现市场营销策略的精准定位和有效执行。

另一方面，数字时代的到来使社交媒体和各类数字平台成为文旅信息传播和互动的主要渠道。在这个信息爆炸的时代，数字内容的质量直接决

定了文旅品牌能否在众多信息中脱颖而出，吸引并持续保持用户的关注。因此，文旅从业者需要具备运用数字化技术创作高质量内容的能力，包括但不限于图文编辑、视频制作、虚拟现实体验开发等，以创新的数字内容形式展现文旅资源的独特魅力，增强品牌影响力，提高用户的参与度和忠诚度。

（二）具备高效处理与利用数字化信息的能力

在数字化浪潮的席卷之下，文旅行业正经历着前所未有的信息变革。这一变革要求文旅行业的人才不仅要适应数字化环境，更要熟练运用各种数字化媒介，如电子邮件、社交媒体、即时通信工具等，与同事、客户或合作伙伴保持高效、便捷的沟通。这不仅仅是对各类平台操作技巧的简单掌握，更是对个体在数字化环境中沟通协作能力的全面考验。文旅从业者需要具备在虚拟空间中建立信任、协调分歧、推动合作的能力，以确保团队目标的顺利实现。

同时，文旅领域的工作特性决定了从业者必须面对海量的数字化信息。这些信息来源广泛，内容繁杂，如何从中高效筛选和整合对工作有益的数据与资讯，成为文旅专业人才必备的一项核心技能。这要求他们具备敏锐的信息嗅觉，能够快速识别出有价值的信息线索，并运用专业的数据分析工具和方法，对信息进行深度挖掘和整合，为决策提供有力支持。

此外，在数字化信息泛滥的时代，信息的真实性和重要性往往难以辨别。文旅从业者需具备高度的信息素养和批判性思维，对信息进行审慎判断，确保不被冗余、虚假或误导性的信息所困扰。他们需要学会运用多种手段验证信息的来源和准确性，对信息的价值进行客观评估，从而作出更为精准和有效的决策。这种能力对于文旅行业的健康发展至关重要，它关系到企业的战略规划、市场营销、客户服务等多个方面，是文旅企业在激烈市场竞争中立于不败之地的重要保障。

（三）具备精准打造并传播数字化热点的能力

在数字时代，文旅产业对人才的需求呈现出更加多元化和精细化的趋势。其中，一项尤为关键的能力是精准打造数字化热点，这已成为文旅从业者不可或缺的核心竞争力。

从业人员需要深入理解社交媒体平台的运作机制和传播规律，熟练掌握各类社交媒体工具的使用技巧，以便在这些平台上有效策划并打造出具有吸引力的数字化热点。这要求他们具备敏锐的市场洞察力，能精准捕捉社会热点和消费者兴趣点，将其与文旅产品巧妙结合，形成独特的传播话题。

同时，与社交媒体上的达人建立紧密的合作关系，是打造数字化热点的重要手段。通过与这些具有广泛影响力和粉丝基础的人物合作，可以迅速提升品牌的知名度和美誉度，吸引更多用户的关注和参与。从业人员需要具备良好的沟通能力和合作精神，能够与达人有效协作，共同策划出具有创意和吸引力的推广活动。

此外，精心策划的营销策略也是打造数字化热点不可或缺的一环。从业人员需要根据品牌特点和市场需求，制定出切实可行的营销方案，通过多渠道、多形式的传播手段，提升品牌的曝光度和用户参与度。这些策略应包括线上线下的互动活动、创意内容营销、社交媒体广告等多种方式，以形成全方位的传播效应。

更重要的是，从业人员必须紧跟行业发展的最新要求，将数字化技术与文化创意深度融合，创造出具有独特吸引力和市场竞争力的文旅产品。这要求他们具备创新思维和跨界融合的能力，能够打破传统思维束缚，将数字化技术运用到文旅产品的设计、开发、推广等各个环节中，从而打造出独具特色的文旅新品牌。通过推出这些创新产品，可以吸引更多消费者的目光，激发他们的购买欲望，进而推动文旅产业的持续发展和繁荣。

二、数字文旅产业人才培养面临的问题

在数字化浪潮席卷全球的今天,文旅行业正经历着前所未有的变革,其数字化水平持续攀升。数字技术与文旅行业的深度融合,不仅为该行业注入了新的活力,推动了其快速发展,同时在数字人才培养方面也逐步显露出一些亟待解决的问题。

首先,数字文旅产业人才培养面临的培养模式僵化问题尤为突出。传统的教育体系往往过于注重基础知识的灌输和标准化考试的成绩评估,这种"填鸭式"教学方式难以有效激发学生的创新思维和实践能力。在数字文旅这一新兴领域,创新思维是推动行业发展的关键动力,而学生由于缺乏对新兴技术和行业趋势的敏锐洞察力,往往难以在行业的创新中展现出应有的理解和应用能力。这种培养模式的僵化,无疑限制了学生在数字文旅领域的潜力发挥。

其次,课程体系滞后也是数字文旅产业人才培养中的一大难题。由于教育体系自身具有稳定性和惯性,通常需要较长的周期进行更新和改革。然而,数字文旅行业作为快速发展的新兴领域,其技术更新和市场变化速度极快。这就导致了教育体系中的课程内容往往滞后于数字文旅行业的实际需求,学生所学到的知识可能是已经过时或即将被淘汰的。这种课程体系的滞后性使学生在进入职场后难以迅速适应数字文旅行业的快速变化,从而影响了其职业发展的顺畅性。

再次,教材内容与实际需求脱节也是数字文旅产业人才培养中不可忽视的问题。在实际教学过程中,部分学校所采用的教材往往未能紧密贴合数字文旅行业的最新动态和发展趋势。这些教材存在内容陈旧、案例过时等问题,与当下数字文旅行业的实际需求存在显著差异。这种现象导致学生难以在职业场景中灵活运用所学知识,从而降低了其职业竞争力。

最后,缺少实践平台也是制约数字文旅产业人才培养的重要因素。在实际的教学环节中,部分学生未能获得在真实场景中运用数字文旅知识的

实践机会。由于缺乏实际操作经验和实战演练,学生对于数字文旅行业实际运作的深入理解受到限制。这种理论与实践的差异,不仅影响了学生对数字文旅行业的全面认知,也削弱了其在职场中的实际操作能力。因此,加强实践平台建设,为学生提供更多实践机会,成为数字文旅产业人才培养中亟待解决的问题。

三、加强数字文旅产业人才队伍建设

加强数字文旅产业人才队伍建设,是一项系统工程,需要从教育培养、实践锻炼、人才机制等多个维度进行综合考虑和布局。

(一)深化教育培养体系,孕育新型数字文旅人才

在教育培养方面,高等院校和职业技术学院应充当数字文旅人才培养的先锋和摇篮。教育机构应紧跟时代发展的步伐,敏锐捕捉行业变革的信号,积极开设与数字文旅紧密相关的专业课程。这些课程应涵盖数字文旅管理、文旅大数据分析、数字文创设计等多个领域,以确保学生能够掌握数字文旅产业所需的核心知识和技能。

同时,教育机构还应提供灵活多样的继续教育和在线课程,以满足不同阶段、不同层次人才的学习需求。无论是初入行业的新人,还是希望提升自我、紧跟行业发展的在职人员,教育机构都应提供丰富多样的学习资源和学习路径。这样不仅可以促进他们知识结构的更新,还可以提升他们的技能水平,使他们更好地适应数字文旅产业的发展需求。

此外,跨学科的学习和研究模式对于培养具有综合能力的人才尤为重要。数字文旅产业是一个涉及多个领域的复合型产业,它要求从业者既具备扎实的技术基础,又熟悉文旅业务的运作规律。因此,教育机构应鼓励和支持计算机科学、信息技术与艺术设计、文化研究等多学科的交叉融合,打破学科壁垒,培养既懂技术又懂文旅业务的复合型人才。这些复合型人才将成为数字文旅产业发展的中坚力量,推动产业不断向前发展。

（二）强化实践锻炼，提升人才实战能力

在实践锻炼方面，企业和教育部门需携手合作，共同为数字文旅产业人才的培养搭建实践平台。通过联合推出文旅项目，为在校学生提供将课堂理论知识转化为实际操作技能的机会。这些项目应涵盖文旅产业的各个环节，包括策划、设计、实施、运营，鼓励学生全程参与，亲身体验文旅项目的运作流程。

参与实际项目的策划、实施和运营，不仅能够使学生加深对文旅行业的全面了解，还能够锻炼他们的团队协作、项目管理、市场营销等多方面的能力。更重要的是，通过实践中的问题解决，学生可以增强技能的运用能力和解决实际问题的能力，为未来的职业生涯打下坚实的基础。

对于已就业的在岗人员，职业培训和再教育是提升技能水平、适应行业发展的关键途径。随着数字文旅产业的快速发展，新技术、新理念层出不穷，在岗人员需要不断学习新知识、新技能，以保持竞争力。因此，企业应定期组织职业培训，邀请行业专家举办讲座，分享最新技术动态和行业趋势。同时，鼓励在岗人员参加在线课程、研讨会等，从而拓宽视野并提升自我。

特别是在乡村地区，数字文旅产业的发展对于推动乡村振兴具有重要意义。然而，乡村地区的数字技术应用能力相对较弱，从业人员的信息化素养和数字技能水平有待提高。因此，应加大对乡村地区从业人员的数字技术应用能力培训力度，通过线上线下相结合的方式，提供便捷、高效的培训服务。通过培训，提高他们的信息化素养和数字技能水平，为数字文旅产业在乡村地区的普及和发展提供有力的人才支撑。

（三）完善人才机制，激发产业活力

在人才机制方面，建立有效的人才引进和激励机制是吸引和留住人才、推动数字文旅产业持续发展的关键。为了吸引更多优秀人才投身数字文旅产业，我们必须提供具有竞争力的岗位薪酬，确保人才的劳动报酬与其贡

献相匹配，体现其价值。同时，为他们提供广阔的职业发展机会，通过设立明确的职业晋升通道、提供多样化的培训和学习资源，帮助人才不断提升自我，实现职业成长。

科研支持也是吸引人才的重要因素。对于从事数字文旅产业研发和创新的人才，有关部门应提供充足的科研经费、先进的实验设备和良好的科研环境，支持他们开展前沿技术研究和应用开发，推动产业技术创新和升级。

此外，应加大对创新者和创业者的支持力度。创新是数字文旅产业发展的动力源泉，创业者则是推动产业创新的重要力量。应为他们提供资金、技术、市场等方面的指导和帮助，降低创业门槛，减少创业风险，激发他们的创新活力和创业热情。通过设立创业孵化器、提供创业贷款和补贴等政策措施，为创新者和创业者提供良好的创业环境。

同时，还应贯彻落实有力的支持政策，为数字文旅产业的发展创造良好的外部环境和政策保障。这包括税收减免、资金支持、项目扶持等一系列优惠政策，旨在降低企业运营成本，提高市场竞争力，促进产业快速发展。

通过这些措施的实施，我们可以全面强化数字文旅产业人才队伍的构建与发展，吸引更多优秀人才加入，激发产业的创新活力和发展潜力。这将为数字文旅产业的繁荣和发展提供有力的人才保障和智力支持，推动数字文旅产业不断迈向新的高度。

第六节　开展数字营销助力乡村文旅品牌传播

一、数字营销在乡村文旅品牌传播中的作用

（一）扩大品牌影响力

在数字化时代背景下，数字营销已成为推动乡村文旅品牌发展的重要力量。数字营销凭借其广泛的覆盖范围和高效的传播效率，在扩大乡村文旅品牌影响力方面发挥着至关重要的作用。

短视频作为一种新兴的数字营销方式，以其生动、直观、富有感染力的特点，成为乡村文旅品牌传播的重要载体。乡村的自然风光、民俗文化、特色美食等独特资源通过短视频得以生动展现，从而吸引大量潜在游客的关注。这些短视频通过各大社交媒体平台的广泛传播，能够迅速提升乡村文旅品牌的知名度，使更多人了解并产生兴趣。

此外，直播也是数字营销中不可或缺的一环。直播具有实时互动、真实可信的特点，能够为观众提供沉浸式的体验。乡村文旅品牌可以通过直播形式，展示乡村的日常生活、节庆活动、手工艺制作等过程，让观众身临其境地感受乡村的魅力。这种直播形式不仅增强了观众对乡村文旅品牌的认知，还激发了他们的旅游欲望，进一步扩大了品牌的影响力。

同时，社交媒体作为数字营销的主要阵地，为乡村文旅品牌提供了与受众直接沟通的渠道。通过社交媒体平台，乡村文旅品牌可以发布最新资讯、优惠活动、游客评价等内容，与受众建立紧密的联系。这种持续的互动和沟通，有助于加深受众对乡村文旅品牌的印象，从而提升品牌的知名度和美誉度。

综上所述，短视频、直播、社交媒体等数字营销渠道能够帮助乡村文旅品牌突破地域限制，快速触达更广泛的受众。这些数字营销方式以其独特的魅力和优势，为乡村文旅品牌提供了广阔的发展空间，使其能够在激烈的市场竞争中脱颖而出，实现品牌影响力的不断扩大。

（二）吸引游客关注与参与

数字营销不仅能有效扩大乡村文旅品牌的影响力，更在吸引游客关注与促进游客参与方面展现出显著效能。其中，数字化内容，以其直观、生动的表现形式，成为连接乡村文旅资源与游客情感的桥梁。

通过高清图片、动态视频、VR等多种形式，数字化内容将乡村的自然风光、人文景观和特色活动呈现在游客面前。这些内容丰富多样，既涵盖了乡村的秀丽山水、田园风光，也包括了独特的民俗风情、历史文化遗迹，以及热闹非凡的节庆活动、农耕体验等。这种全方位、多角度的展示方式，极大地激发了游客对乡村文旅的兴趣和好奇心。

在数字化内容的吸引下,游客被乡村的独特魅力深深吸引。他们渴望亲身体验这份宁静与美好,亲身参与这些富有特色的活动。无论是亲手采摘果蔬、体验传统手工艺,还是参与民间节庆、品尝地道美食。这些活动都让游客在享受乐趣的同时,也能深入了解和感受乡村的文化和生活方式。

因此,数字营销通过直观生动的数字化内容展示,不仅成功吸引了游客的关注,更激发了其前往乡村体验和打卡的热情。这种参与式的旅游体验,不仅提升了游客的满意度和忠诚度,也为乡村文旅品牌带来了更多的口碑传播和潜在客户,进一步推动了乡村文旅产业的发展。

（三）促进文旅消费

数字营销在提升乡村文旅品牌知名度的同时,更以其独特的营销方式和手段,有效促进了文旅产品的消费,为乡村经济发展注入了新的活力。

数字营销通过在线预订系统,为游客提供了便捷、高效的服务体验。游客可以随时随地通过手机或电脑,轻松浏览乡村文旅产品的详细信息,包括景点介绍、住宿条件、餐饮特色等,并根据自己的需求和喜好,选择心仪的产品进行预订。这种在线预订方式不仅节省了游客的时间和精力,也提高了乡村文旅产品的销售效率,为乡村带来了更多的客源和收入。

直播带货作为数字营销的一种创新形式,在促进乡村文旅消费方面发挥了重要作用。乡村可以通过直播平台,推广当地的特色农产品、手工艺品等文旅衍生品,同时结合乡村文旅品牌的宣传,吸引游客关注和购买。直播带货以其直观、互动的特点,增强了游客的购买意愿和信任度,推动了文旅产品的销售。许多乡村通过直播带货,成功将当地的特色产品销往全国各地,甚至走出国门,实现了文旅产品的价值最大化。

综上所述,数字营销通过在线预订、直播带货等方式,有效促进了乡村文旅产品的消费,为乡村带来了显著的经济效益。这种营销方式不仅提升了乡村文旅品牌的知名度和影响力,也为乡村经济发展提供了新的动力和机遇。随着数字技术的不断发展和创新，数字营销在促进乡村文旅消费方面的作用将更加凸显，为乡村振兴贡献更大的力量。

二、数字营销助力乡村文旅品牌传播的策略

（一）深化短视频平台合作，创新乡村文旅品牌推广方式

在数字化浪潮的推动下，短视频平台已成为人们获取信息、娱乐消遣的重要渠道。对于乡村文旅品牌而言，利用短视频平台进行推广无疑是一种高效且具有创新性的营销策略。

具体来说，乡村文旅品牌可以积极与短视频平台建立合作关系，通过平台的资源和影响力，将乡村的独特魅力以短视频的形式展现给广大网友。在内容创作上，可以邀请网红、旅游博主等具有一定粉丝基础和影响力的创作者，让他们亲身体验乡村的文旅项目，并以此为素材创作出生动、有趣的短视频。这些创作者以其独特的视角和表达方式，能够将乡村的自然风光、人文景观、特色活动等以更加直观、生动的方式呈现给观众，从而激发观众对乡村文旅的兴趣和向往。

同时，短视频平台的算法推荐机制也是乡村文旅品牌推广的重要利器。平台会根据用户的浏览历史、兴趣爱好等数据，将相关的短视频内容推送给潜在游客。这种精准化的推送方式，不仅提高了乡村文旅品牌的曝光率，也增加了潜在游客对品牌的认知和了解，为后续的旅游决策提供了有力的参考。

总之，利用短视频平台推广乡村文旅品牌，是一种具有广阔前景和巨大潜力的营销策略。通过深化与短视频平台的合作，创新内容创作方式，充分利用平台的算法推荐机制，乡村文旅品牌可以在激烈的市场竞争中脱颖而出，吸引更多游客的关注和青睐。

（二）积极开展线上直播活动，增强乡村文旅品牌亲和力

线上直播活动以其实时互动、身临其境的特点，成为乡村文旅品牌推广的新宠。为了进一步提升乡村文旅品牌的亲和力和影响力，乡村可以积极策划并定期举办线上直播活动。

乡村文旅品牌可以结合自身特色和资源，精心设计一系列线上直播活动。例如，可以举办乡村音乐会，邀请当地民间艺人或乐队进行现场演奏，让观众在悠扬的音乐中感受乡村的宁静与美好；可以组织民俗表演，如舞龙舞狮、戏曲演出等，通过直播展示乡村丰富的文化底蕴和独特的民俗风情；还可以开展农产品采摘直播，让观众跟随镜头走进果园或农田，亲身体验采摘的乐趣，同时了解农产品的生长过程和种植技巧。

在直播过程中，乡村文旅品牌应充分利用直播平台的互动功能，与观众进行实时交流。可以通过设置问答环节、开展抽奖活动等方式，增强观众的参与感和归属感，让他们更加深入地了解乡村文旅品牌的魅力和特色。这种互动式的直播方式，不仅能够提升品牌的亲和力，还能够增加观众的黏性和忠诚度，为乡村文旅品牌的长期发展奠定坚实基础。

总之，开展线上直播活动是乡村文旅品牌提升亲和力、吸引游客关注的有效途径。通过精心策划和组织实施一系列线上直播活动，乡村文旅品牌可以在数字营销的大潮中脱颖而出，赢得更多游客的喜爱和认可。

（三）充分利用社交媒体营销，增强乡村文旅品牌忠诚度

在数字化时代，社交媒体已成为人们日常生活中的重要组成部分，其广泛的覆盖范围和强大的传播能力为乡村文旅品牌的营销提供了新的契机。为了提升品牌忠诚度，乡村文旅品牌应充分利用社交媒体平台，积极开展营销活动。

乡村文旅品牌可以在各大社交媒体平台上开设官方账号，如微信公众号、微博、抖音等，作为品牌与用户互动的主要渠道。通过这些官方账号，

品牌可以定期发布乡村文旅相关的图文、视频等内容，展示乡村的自然风光、人文景观、特色活动以及文旅产品的最新动态，帮助用户及时了解并感受到品牌的魅力和活力。

在内容创作上，乡村文旅品牌应注重内容的趣味性和互动性，以吸引用户的关注和参与。例如，可以发布一些乡村趣事、民俗故事、旅游攻略等有趣的内容，引发用户的共鸣和讨论；也可以开展一些线上互动活动，如问答、投票、抽奖等，增强用户的参与感和归属感。

同时，乡村文旅品牌还应积极与用户进行互动，及时回复他们的留言和评论，关注他们的需求和反馈。这种亲密的互动关系不仅能够增进品牌与用户之间的情感联系，还能够提升用户对品牌的忠诚度和信任度，为品牌的长期发展奠定坚实基础。

由此可见，利用社交媒体营销是提升乡村文旅品牌忠诚度的有效途径。通过开设官方账号、发布有趣内容、积极与用户互动等方式，乡村文旅品牌可以在社交媒体平台上建立起与粉丝的紧密联系，赢得更多用户的喜爱和支持。

（四）创新线上互动营销活动，提升乡村文旅品牌曝光度与用户参与度

在数字营销领域，线上互动营销活动以其独特的魅力和效果，成为提升品牌曝光度和用户参与度的有效手段。对于乡村文旅品牌而言，结合节假日、热点事件等时机，开展线上互动营销活动，无疑是一种极具创意和实效性的营销策略。

乡村文旅品牌可以紧扣节假日或热点事件主题，策划一系列线上互动营销活动。例如，在春节期间，可以开展以"乡村年味"为主题的话题挑战赛，邀请用户分享自己在乡村过年的独特体验和感受，通过有趣的内容和创意的表达方式，吸引更多用户的关注和参与。同时，还可以设置抽奖活动，为参与挑战的用户提供丰富的奖品，如乡村文旅产品的优惠券、特色农产品等，进一步激发用户的参与热情。

除了节假日，乡村文旅品牌还可以关注社会热点事件，及时将其融入线上互动营销活动中。例如，当某个与乡村相关的热点话题在网络上引起广泛关注时，品牌可以迅速反应，开展相关的话题讨论或创意挑战，借助热点事件的影响力，提升品牌的曝光度和知名度。

在开展线上互动营销活动时，乡村文旅品牌应注重活动的趣味性和互动性，确保用户能够积极参与并享受其中的乐趣。同时，还应加强活动的宣传和推广，通过社交媒体、短视频平台等多种渠道，将活动信息传递给更多潜在用户，扩大活动的影响力和覆盖范围。

开展数字营销助力乡村文旅品牌传播，确是推动乡村旅游发展的强劲动力。在数字化时代，短视频、直播、社交媒体等数字营销渠道以其独特的魅力和广泛的覆盖面，为乡村文旅品牌提供了前所未有的传播机遇。通过短视频平台，乡村文旅品牌可以更生动直观地展示乡村的自然风光、人文景观和特色活动，吸引大量观众的关注和喜爱。直播活动则让游客能够身临其境地感受乡村的魅力，增强品牌的亲和力和吸引力。而社交媒体平台则是乡村文旅品牌与粉丝互动、提升品牌忠诚度的重要阵地。

未来，随着数字技术的不断发展和应用，乡村文旅品牌的数字营销将迎来更多的机遇和挑战。一方面，新技术的出现将为数字营销带来更多创新和可能性，如虚拟现实、增强现实等技术的应用，将让游客能够更加沉浸式地体验乡村文旅的魅力。另一方面，市场竞争也将更加激烈，乡村文旅品牌需要不断创新和优化数字营销策略，提升品牌竞争力，才能在激烈的市场竞争中脱颖而出。

因此，乡村文旅品牌应紧跟数字时代的步伐，积极拥抱新技术与新渠道，不断探索和创新数字营销策略。通过精准定位目标受众、打造优质内容、加强互动与粉丝关系等方式，提升品牌的知名度和影响力，为乡村振兴和经济发展贡献更大的力量。

第七章 河南省数字文旅与乡村振兴协调发展的挑战与展望

第一节 未来面临的主要挑战与应对建议

一、主要挑战

河南省在推进数字文旅与乡村振兴协调发展的过程中,既迎来了前所未有的机遇,也面临着诸多亟待解决的挑战。文旅产业作为一种以体验为核心的消费形态,正逐步融入现代商品经济的洪流,并在数字技术的强力驱动下,转型为服务广大数字民众的文化性数字产业。然而,在这一过程中,技术、人才、文化等因素成为制约数字乡村文旅产业发展的关键瓶颈,具体表现为数字接入和使用上的差异、数字乡村文旅叙事能力的不足,以及文化认同基础的薄弱。

(一)乡村数字文旅基础设施建设滞后引发的数字鸿沟问题

数字鸿沟作为信息时代的一个显著特征,可以细分为第一道数字鸿沟(互联网接入沟)、第二道数字鸿沟(使用沟)和第三道数字鸿沟(认知沟)。近年来,"村村通宽带"计划的实施取得了显著成效,城乡之间的第一道数字鸿沟正在逐步缩小。根据第 52 次《中国互联网络发展状况统计报告》的数据,城乡互联网普及率的差距已经缩小了近 12 个百分点。

然而，在深入探究乡村数字接入问题时，我们发现，除了传统的接入差异外，互联网的访问设备、网络服务的稳定性、付费内容的订阅能力以及硬件和软件的维护费用等也成了衡量数字接入鸿沟的重要指标。据《中国互联网发展报告2023》蓝皮书显示，截至2023年6月底，中国网民规模已达10.79亿人，但城镇地区与农村地区的互联网普及率仍存在较大差距，分别为85.1%和60.5%，相差约25个百分点。同时，中国非网民规模仍有3.33亿人，其中农村地区非网民占比接近六成。

在智能设备的使用方面，乡村居民的数字素养普遍较低，尤其是乡村老年人群体。因"不懂拼音等文化程度低"或"不懂电脑/网络"而不上网的非网民群体占比高达84.5%。这使得他们在日常旅游预订车票和酒店、外卖订餐、搜集攻略信息等方面难以享受到数字化技术带来的便捷。此外，9.3%的非网民群体表示很难打到车，6.9%的非网民群体表示很难买到火车票、飞机票，这进一步加剧了城乡之间的数字鸿沟。

城市由于其天然的"虹吸效应"，使资源、资金、人才等要素不断向城市文旅产业聚集，而乡村文旅产业则相对被边缘化。2023年，第六届数字中国建设峰会上，我们可以看到，无论是福建永定土楼与腾讯数字IP《天涯明月刀》的合作，还是苏州丝绸博物馆对馆藏丝绸纹样的数字化采集，这些成功案例都发生在经济相对发达的城市地区。

相比之下，乡村地区在数字文旅和乡村振兴的耦合过程中仍处于弱势地位。由于缺乏足够的资源、资金和人才支持，乡村文旅产业在数字化转型过程中面临着诸多困难。这不仅制约了乡村文旅产业的发展速度和质量，也影响了乡村振兴战略的整体推进效果。因此，探索城乡数字文旅协调发展路径，已成为河南省乃至全国面临的重要课题。

（二）乡村数字传播梗阻制约乡村文旅叙事内容的发展

"传播"这一概念，本质上涉及一个发送者、一个作为中介的传播渠道以及一个接受者。在这一框架下审视当前乡村的传播状况，我们不难发现，"谁向农民传播信息""农民如何接收信息"，以及"农民能接受什么样的信息"成为核心问题。乡村数字传播面临着多重梗阻,其中,数字接入差异与数字使用差异构成了第一重梗阻,这直接限制了农民获取和传播信息的能力。而传播媒介在乡村的普及率低下,则成为第二重梗阻,进一步加剧了信息传播的难度。更为深层的是,乡村故事的"互联网弱叙事"现象,构成了第三重梗阻,影响了乡村文旅叙事内容的丰富性和吸引力。

"在乡村文化传播中,农民既是生活在当地的人,也是传播的主体。"[①]数字化赋权似乎为农民提供了讲述本土文化的权利,然而,由于媒介素养的缺乏,农民往往并不具备"讲好乡村故事"的能力。这种能力的缺失,甚至导致了农民在叙事中的缺位,使乡村的声音在互联网上显得微弱而零散。这些都是造成乡村"互联网弱叙事"的重要因素,严重制约了乡村文旅叙事内容的传播和影响力。"以文塑旅,以旅彰文。"[②]乡村文化叙事是对传统村落文化中复杂多元信息的归纳和提炼过程,其结果是以直观的形式展现了乡村的文化形象。这一过程离不开"文化"与"形式"的二元统一,即"所指"与"能指"的完美结合。然而,在"酒香也怕巷子深"的时代背景下,许多清新雅致、民风淳朴的乡村却缺乏内生性的传播动力。它们文化底蕴丰厚,却在传播形式上显得力不从心。

更为遗憾的是,部分农民为了获取互联网的注意力,采取了"土味剧场表演""弱势感表演""贫困式求打赏"等形式。虽然这些传播形式在一定程度上符合了流量传播的逻辑,满足了受众的感官刺激,填补了受众对乡村的某种想象,但无形中污名化了乡村的形象。这种以牺牲乡村文化尊严为代价的传播方式,不仅无法真正提升乡村文旅的吸引力,反而可能进一步加剧乡村文化的边缘化和误解。因此,如何破解乡村数字传播的梗阻,提升乡村文旅叙事的能力,成为推动乡村文旅与乡村振兴协调发展的重要课题。

---

① 赵瞳. 新媒体时代乡村文化传播的空间转向、内在瓶颈与路径建构[J]. 新闻爱好者,2023(7):80-82.

② 中国共产党第二十次全国代表大会文件汇编[M]. 北京:人民出版社,2022.

（三）乡村人才流失削弱了文化认同基础

"文化，就是吾人生活所依靠之一切。如吾人生活，必依靠于农工生产。农工如何生产，凡其所有器具技术及其相关之社会制度等等，便都是文化之一大重要部分。"[①]梁漱溟先生所言之农工生产，实乃乡村文化之核心，亦是农民生存之根本。农业生产之进行，离不开生产资料与生产力，"直接靠农业来谋生的人是黏着在土地上的"[②]，但在中国村落社会的演变历程中，作为乡村文化传承主要载体的村民，出现了大规模外流的现象，使村落逐渐演变为"无主体熟人社会"。

乡村文化的认同，其基础在于传承。从构成要素来看，乡村文化认同的形成，需满足传承者、接受者与乡村文化本体三者之共存。传承者的外流，不仅是空间上的迁移，更是文化传承的断裂，这直接导致了乡村文化认同基础的薄弱。乡村文化的独特魅力，在于其深厚的历史底蕴与地域特色，而这一切，都需要有人来传承与发扬。

乡村文旅的发展，本应依托实地旅游与在地文化体验，当前却陷入了由外来人口打造的"麦当劳式"困境。无论身处何地，所体验到的乡村文旅项目都如出一辙，缺乏独特性与地域性。以乡村文旅真人秀节目《我们的美好生活》的拍摄地湖南省平江县白寺村为例，该村原住人口1500名，现有常住人口仅900名，原住人口流失超过三分之一。在现代化与城市化的双重推动下，乡村人口发生了大规模的迁移，年轻人纷纷外出务工，留守老人逐渐忘却传统，文化传承出现断代。

游客来到乡村，期望通过宁静的田园生活、日出耕作日落而息的本土体验来实现自我疗愈。然而，他们发现，原本应该是乡村自给自足典型象征的生产环节，被千篇一律的商业化农家乐餐馆、空置化的博物馆、统一化的乡村建筑所取代。各地的古巷名街，虽然外表古朴，但内置店铺大多

---

① 梁漱溟.中国文化要义[M].北京：商务印书馆，2022.

② 费孝通.乡土中国[M].北京：人民出版社，2015.

为现代小吃店和纪念品店，游客只能走马观花地打卡拍照，难以沉浸式地感受乡村的本土文化，也难以激发出对传统农耕文化的认同感和自豪感。这种"麦当劳式"的乡村文旅发展模式，不仅削弱了乡村文化的独特性，也削弱了游客对乡村文化的认同与热爱。

（四）乡村文旅产业和数字经济融合面临诸多困难

数字经济作为继农业经济和工业经济之后的新兴经济形态，正引领着全球经济的变革与发展。发展数字乡村文旅产业，旨在实现数字经济与乡村文旅产业的深度融合。然而，在现实推进过程中，遭遇了诸多困境。

乡村文旅数字化应用空间狭小，是当前面临的一大难题。以农家书屋、博物馆为代表的数字化应用场景，缺乏创新性和多样性，对文旅大数据的统筹利用度远远不够。以农村书屋为例，虽然挂名为"农村数字书屋"，但整体系统设计简陋，未能真正领略到数字书屋的核心价值和要素，导致数字化应用流于形式，存在数字形式主义的现象。

在数字乡村的基层治理层面，乡村文旅产业涉及的领域广泛、部门众多、资源复杂，落实到基层治理时，协同性偏弱、管理能力不足的问题日益凸显。各级部门之间缺乏有效的沟通和协作，各自为政，导致资源整合效率低下，难以形成合力推动乡村文旅产业的发展。

此外，数字人才与管理机制的短缺也是制约乡村文旅产业与数字经济融合的重要因素。一方面，部分基层干部或乡村主体缺乏相应的数字素养，熟知乡村、文旅、互联网的复合型人才相对匮乏；另一方面，城乡人才要素流通不畅，高精尖劳动力、平台资本、核心技术等要素流入乡村的速度缓慢，引进数字化人才的成本偏高，且引进后留不住的问题屡见不鲜。这些问题的存在，严重制约了乡村文旅产业与数字经济的深度融合和发展。

因此，要推动乡村文旅产业与数字经济的深度融合，就必须拓宽数字化应用空间：一是加强基层数字治理效能；二是培养和引进更多的数字人才；三是完善管理机制，为乡村文旅产业的数字化转型提供有力支撑。

二、应对建议

面对数字鸿沟、人才流失、传播不足等挑战，数字文旅与乡村振兴的协调发展需要创新治理模式，充分发挥多元主体的协同作用。

（一）党建引领多元主体，共同助力乡村人才振兴

人才作为乡村振兴的核心驱动力，在数字文旅与乡村振兴的深度融合中扮演着至关重要的角色。河南省应积极探索党建引领下的多元主体共治模式，以全面推动乡村人才振兴。具体而言，需从以下几个方面着手。

1.完善党管人才工作机制

建立健全由省委组织部和省农业农村厅联合牵头的乡村人才振兴联席会议制度，吸纳省发改委、省人力资源和社会保障厅、省科技厅、省教育厅、省卫生健康委等相关部门作为成员单位。这一机制旨在强化对乡村人才振兴工作的整体规划、政策研究制定及综合协调，确保各项政策措施能够精准落地、高效执行。

2.实施人才培育增量提质计划

遵循"政府主导、专门机构负责、多方资源汇聚、市场主体参与"的原则，构建全方位、多层次的乡村人才培训体系。通过整合农业职业院校、农业科研院所、农技推广站等优质教育资源，打造一批集理论教学、实践操作、技能鉴定于一体的综合性教育培训基地。在此基础上，重点加强农村实用人才的农业职业教育，同时辅以各类实用技术培训，全面提升乡村人才的综合素质和专业技能。

3.激发农民群体的内生动力

特别值得注意的是，随着乡村振兴战略的深入实施，近年来涌现出越来越多选择返乡创业的年轻人。他们不仅熟悉乡村环境，而且普遍具备较高的数字化素养。这类群体在利用数字化平台、新媒体工具及高科技手段

促进"三农"建设方面展现出巨大潜力。因此，应充分重视并发挥这一群体的作用，通过政策扶持、资金补助、技能培训等多种方式，激励他们成为乡村文化振兴和经济发展的主力军。通过激发他们的创新精神和创业热情，为乡村经济注入新的活力，推动数字文旅与乡村振兴的深度融合与协调发展。

（二）文旅数据资源共享共建，弥合城乡数字鸿沟

城乡数字鸿沟作为数字文旅与乡村振兴协调发展过程中的一大障碍，亟须得到妥善解决。河南省在此方面应积极作为，加快推进文旅数据资源的共享共建，以实际行动弥合城乡之间的数字鸿沟。

首先，河南省应加大对5G、物联网等新型基础设施的投资和建设力度，为乡村文化资源的数字化提供坚实的技术支撑。在此基础上，可支持构建多种形式的乡村文化数字化平台，如乡村旅游信息服务平台、乡村文化遗产数字化展示平台等。这些平台将作为乡村文化资源数据采集、转化和推广的重要载体，助力乡村风光、生产技艺、传统风俗等文化资源的数字化呈现和传播。通过将这些文化资源搬上云端，实现乡村文化资源的全景呈现和全民共享，不仅可以让更多人领略到乡村文化的独特魅力，还能为乡村文旅产业的发展注入新的活力。

其次，河南省应高度重视农村居民的教育和人力资源培养工作。通过加大对农村数字技术培训的投入，提高农村居民的数字技能水平，使他们能够更好地利用数字化平台获取信息和资源。同时，加强信息化宣传和推广，提高农村居民对数字化的认知和接受度，缩小城乡居民在数字"使用鸿沟"上的差距。

最后，企业作为数字技术创新的主体，应积极承担起社会责任，创新数字技术和数据分析的普惠应用。通过深入挖掘和分析乡村文旅数据资源，为农村地区提供更加精准、个性化的服务和产品，让农村地区也能享受到数据资源带来的经济收益。

通过推动文旅数据资源的共享共建，不仅可以提升乡村文旅产业的数

字化水平，还能促进城乡文化资源的均衡发展和普惠普及。这将有助于缩小城乡数字鸿沟，推动数字文旅与乡村振兴的协调发展。

（三）实施乡村数字空间再造，全面推动乡村文化振兴

乡村数字空间的再造作为数字文旅与乡村振兴协调发展的关键路径，对于提升乡村文化的传播力、影响力和竞争力具有深远意义。河南省应紧跟时代步伐，充分利用数字技术的强大力量，全面推动乡村文化空间的数字化转型和再造。

首先，河南省应着手对乡村传统文化设施进行改造升级，借助数字技术的先进手段，将乡村丰富的文化资源进行数字化处理，实现全景呈现和全民共享。这包括但不限于乡村图书馆、文化站、非遗传承基地等传统设施的数字化改造，通过数字化手段让乡村文化资源跨越地域限制，触达更广泛的受众群体。

其次，应充分运用数字技术丰富乡村文化的消费场景，打造具有个性化特色的乡村文化体验。通过数字化手段，多角度、全方位地展示当地的民俗遗存、曲艺展演、节庆赛事等文化特色，为游客提供沉浸式体验，使其深刻感受乡村文化的独特魅力和时代气息。这种个性化的文化消费场景不仅能够满足游客的多元化需求，还能进一步提升乡村文化的知名度和影响力。

再次，通过数字赋能，可以推动文化产业深深扎根于乡村文化的肥沃土壤之中，激活乡村的社会文化生态。数字技术的运用将使乡村文化在科技融合度、文化传播力、文化产品分享性等方面，展现出与传统乡村文化截然不同的内涵和活力。这种融合创新不仅有助于乡村文化的传承和发展，更能为乡村经济的多元化发展提供新的动力源泉。

最后，乡村数字空间的再造还有助于补足乡村文化的短板，促进社会精神富裕。通过数字技术的普及和应用，可以让乡村居民更加便捷地获取到丰富的文化资源和信息，提升他们的文化素养和审美能力。同时，数字空间的建设还能为乡村居民提供更多的文化交流和互动机会，增强其文化

认同感和归属感，从而提升其文化获得感和幸福感。

乡村数字空间的再造是数字文旅与乡村振兴协调发展的重要途径。河南省应充分利用数字技术的优势，全面推动乡村文化空间的数字化转型和再造，为乡村文化的振兴注入新的活力和动力。

（四）优化交互界面设计，有效降低乡村文旅传播门槛

在数字化时代背景下，优化交互界面设计成为降低乡村文旅传播门槛、提升用户体验的关键举措。河南省应紧密结合乡村文旅产业的独特性和实际需求，设计简洁、易用且贴合乡村居民使用习惯的交互界面，以促进乡村文旅产业的蓬勃发展。

首先，河南省应着重对乡村文旅产品进行数字化改造和升级。通过引入先进的数字化技术，如VR、AR等，为乡村文旅产品增添更多互动性和趣味性，从而提升其数字化水平和用户友好性。同时，还应注重产品的易用性设计，确保游客能够轻松上手，享受便捷、流畅的文旅体验。

其次，应充分利用大数据、人工智能等先进技术，深度分析乡村文旅产品的用户需求并实现精准预测。通过挖掘游客的消费习惯、兴趣爱好等信息，为乡村文旅产业提供有针对性的营销策略和个性化服务方案。这不仅有助于提升游客的满意度和忠诚度，还能进一步拓展乡村文旅市场的潜力和空间。

再次，河南省还应加强对乡村文旅产品的宣传推广力度。通过线上线下相结合的方式，如社交媒体营销、线下活动举办等，提高乡村文旅产品的知名度和影响力。在线上，可以利用短视频、直播等新媒体形式，展示乡村文旅的独特魅力和风情；在线下，则可以组织各类文化节庆活动、乡村旅游体验活动等，吸引更多游客前来参与和体验。

最后，应持续关注交互界面的使用反馈和效果评估，不断优化和改进设计。通过降低操作难度、提高响应速度等方式，进一步降低乡村文旅的传播门槛。这将有助于吸引更多游客前来体验和消费乡村文旅产品，推动乡村文旅产业的持续健康发展。

优化交互界面设计是降低乡村文旅传播门槛、提升用户体验的重要途径。河南省应紧密结合乡村文旅产业的实际需求和特点，采取切实有效的措施和手段，不断优化交互界面设计，为乡村文旅产业的繁荣发展贡献力量。

第二节 未来发展趋势与前景展望

一、未来发展趋势

（一）智能化、个性化服务将成为主流

在未来的发展进程中，随着数字技术的持续革新与广泛渗透，文旅产业将迎来一场以智能化和个性化为核心的变革。这一趋势不仅体现在技术层面的革新，更将深刻改变游客的旅游体验方式以及乡村旅游的发展模式。

具体而言，智能化服务将成为文旅产业的核心竞争力。通过构建智能导览系统，游客将能够根据个人偏好和兴趣，自主定制独一无二的游览路线。这种系统不仅具备高度的灵活性，还能根据实时数据反馈，动态调整路线规划，确保游客能够充分领略到乡村的独特魅力。同时，智能导览系统还将融入语音识别、自然语言处理等先进技术，实现与游客的无缝交互，进一步提升服务体验。

此外，大数据分析将在文旅产业中发挥举足轻重的作用。通过对游客行为数据的深入挖掘和分析，相关部门和企业能够精准把握游客的需求变化和消费趋势，从而优化资源配置，提升服务质量和效率。例如，可以根据游客的游览轨迹、停留时间等数据，合理调整乡村旅游景点的开放时间、设施布局等，以满足游客的多元化需求。

与此同时，个性化服务也将成为文旅产业的重要发展方向。借助AR、VR等前沿技术，游客将在虚拟空间中获得前所未有的沉浸式体验。他们不仅可以身临其境地感受乡村的历史变迁、农耕文化等独特魅力，还

能参与各种互动体验活动,如虚拟种植、采摘等。这种创新性的旅游方式不仅极大地丰富了乡村旅游的内涵和趣味性,还提升了游客的参与度和满意度。

(二)农文旅深度融合将成为趋势

在未来的发展中,农文旅深度融合将成为推动乡村文旅高质量发展的核心支撑力量。这一趋势的兴起,得益于数字技术的迅猛发展与广泛应用,它打破了传统产业之间的界限,为乡村文旅与其他产业的跨界融合提供了无限可能。

数字技术与农业、林业、手工业等乡村传统产业的深度融合,衍生出一系列产业链条长、附加值高的乡村旅游产业集群。例如,通过运用物联网、大数据等技术,可以实现对农业生产过程的精准监控和管理,提高农产品的品质和产量;同时,将这些农产品融入乡村旅游产品中,如开展农事体验、农产品采摘等活动,既丰富了乡村旅游的内容,又提升了农产品的附加值。此外,数字技术还可以助力乡村手工艺品的传承与创新,通过电商平台、社交媒体等渠道拓宽市场,为乡村旅游增添独特的文化魅力。

数字技术不仅能够与传统产业融合,还能在乡村治理中发挥重要作用。通过智慧党建、智慧安防等系统的建设,可以提升乡村治理的智能化、精细化水平。智慧党建系统可以加强党组织与党员之间的联系,提高党建工作的效率和效果;而智慧安防系统则可以利用视频监控、人脸识别等技术,加强乡村的安全防范和应急管理能力,为乡村旅游提供有力的安全保障。

农文旅深度融合的发展趋势,不仅将推动乡村文旅产业的创新发展,还将促进乡村经济的多元化发展。通过跨界融合和数字化转型,乡村将能够充分挖掘和利用自身的资源优势,打造出具有独特魅力和竞争力的乡村旅游产品,吸引更多游客前来体验和消费。与此同时,乡村经济的发展也将带动就业和创业机会的增加,为当地居民提供更多的收入来源和发展空间。

（三）可持续发展和生态保护将成为重要议题

在数字文旅与乡村振兴协调发展的宏伟蓝图中，可持续发展和生态保护无疑将占据重要地位，成为引领未来发展方向的重要议题。数字文旅作为一种新兴的旅游形态，其核心理念与绿色、低碳的发展观念不谋而合，为乡村旅游的可持续发展注入了新的活力。

数字文旅通过智能技术的应用，积极倡导并实践环保的旅游方式。以智能导览系统为例，它不仅为游客提供了便捷、个性化的游览体验，更在路线规划中融入了低碳出行的理念。系统根据游客的出行方式和偏好，智能推荐步行、骑行或公共交通工具等低碳出行方式，有效减少了旅游过程中的碳排放。同时，大数据分析技术的运用也使得景区资源配置更加合理高效。通过对游客流量、消费习惯等数据的深入分析，景区能够精准预测旅游需求，从而合理调配资源，避免浪费，实现资源的最大化利用。

此外，数字文旅还发挥着促进乡村生态环境保护和修复的重要作用。一方面，数字技术的应用提高了乡村旅游的监管效率，使得对生态环境的破坏行为能够及时发现并得到有效遏制。另一方面，数字文旅通过宣传和教育手段，增强了游客的环保意识，使得他们在享受乡村旅游的同时，也更加珍惜和保护乡村的生态环境。这种良性的互动不仅推动了乡村旅游的可持续发展，也为生态文明建设作出了积极贡献。

二、前景展望

（一）数字文旅推动乡村旅游转型升级

在数字化浪潮席卷全球的今天，数字文旅作为新兴业态，正以其独特的魅力和无限的潜力，逐步成为引领乡村旅游转型升级的核心动力，为乡村旅游的未来描绘了一幅充满创新与活力的宏伟蓝图。

1. 数字化提升乡村旅游品质

随着数字化技术的不断革新与普及，乡村旅游领域正经历前所未有的变革。数字化技术的深度融入，为乡村旅游带来了颠覆性的沉浸式体验，使得游客能够以一种全新的方式感受乡村的魅力。作为数字化技术的代表，VR技术凭借其高度仿真的模拟环境，成为一位神奇的导游，将乡村的自然风光、历史遗迹和民俗文化等宝贵资源，以生动、直观的形式呈现在游客眼前。通过VR技术，游客仿佛穿越时空，漫步在虚拟的乡村小道，沉浸在那份宁静、纯朴的乡村氛围中，享受着前所未有的视觉与心灵盛宴。

与此同时，AR技术的运用，更是为乡村旅游增添了一抹神奇的色彩。通过AR技术，游客可以与乡村的古老建筑、传统手工艺等进行实时互动，仿佛置身于一个充满奇幻色彩的乡村世界。这种跨越时空的文化之旅，不仅让游客在游玩过程中获得了丰富的知识体验，更激发了他们对乡村文化的浓厚兴趣与热爱。

数字化技术的引入不仅极大地丰富了乡村旅游的体验方式，还显著提升了乡村旅游的吸引力和竞争力。游客在享受数字化带来的便捷与乐趣的同时，也对乡村旅游的品质有了更高的认可和期待。据统计数据显示，2023年我国虚拟现实市场规模达1126亿元，且保持着强劲的增长态势。这一数据不仅彰显了虚拟现实技术在市场上的巨大潜力，也预示着数字化技术在提升乡村旅游品质方面所蕴含的广阔前景和无限可能。可以预见，未来数字化技术将继续发挥其独特优势，为乡村旅游的转型升级注入新的活力与动力。

2. 智能化提升乡村旅游效率

在数字化文旅的浪潮中，大数据、云计算等智能化技术如同一股强劲的东风，为乡村旅游的运营管理带来了革命性变革。这些技术的深入应用，使得乡村旅游在资源管理、安全监控、客户服务等方面均实现了质的飞跃。

大数据分析技术为乡村旅游的精准管理提供了有力支撑。通过对游客流量、消费习惯及偏好需求等大数据的深度挖掘和分析，管理者能够准确把握市场动态，科学规划旅游资源与产品，从而实现旅游资源的智能化配置和优化利用。这种以数据为驱动的管理方式，不仅显著提高了资源利用效率，还有效避免了资源浪费和盲目开发的问题。

与此同时，无人机巡检技术的应用为乡村旅游景区的安全监控和环境维护带来了革命性的改变。无人机凭借其高空视角、灵活机动的特点，能够迅速覆盖景区各个角落，实时监测景区内的安全状况和环境变化。一旦发现异常情况，无人机可以立即将信息传递给管理人员，为及时处理和应对提供了有力保障。这种高效精准的监控手段，全面提升了景区的安全管理水平和环境维护效率。

此外，智能客服系统的广泛应用为乡村旅游的客户服务带来了全新体验。该系统能够24小时不间断地为游客提供咨询服务，及时解答疑问并满足游客需求。其智能化的问答机制和人性化的服务态度，使得游客在旅游过程中能够随时获得便捷、高效的帮助和支持。这种全新的客户服务方式，不仅提升了游客的满意度和忠诚度，还为乡村旅游的口碑传播和品牌建设奠定了坚实基础。

3. 创新乡村旅游产品体系

数字文旅的蓬勃发展，为乡村旅游产品的创新开辟了一条宽广的道路，为乡村旅游的多元化发展提供了无限可能。在数字技术的赋能下，乡村旅游产品不再局限于传统的观光游览，而是向着更加深度、多元、体验化的方向发展。

结合乡村当地的特色文化，可以匠心独运地开发出一系列具有鲜明地域特色的数字文旅产品。其中，数字博物馆便是这一创新趋势下的佼佼者。数字博物馆利用数字化技术，如三维扫描、虚拟现实等，将乡村的历史文化、民俗风情等珍贵资源进行数字化处理和呈现。游客只需通过电子设备，便能身临其境地漫步于虚拟的博物馆中，近距离观赏乡村的古老文物、历史遗迹，聆听乡村的传说故事，感受乡村的独特魅力。

这种全新的展示方式，不仅打破了时间和空间的限制，还让乡村的历史文化得以更加生动、直观地传承和弘扬。而数字非遗则是另一项值得期待的数字文旅产品。非物质文化遗产是乡村文化的重要组成部分，承载着乡村的历史记忆和文化基因。通过数字化技术，如数字化记录、虚拟现实互动等，可以将乡村的非物质文化遗产进行保护、传承和展示。游客可以通过数字化平台，参与非物质文化遗产的制作过程，亲身体验乡村传统技艺的魅力，感受乡村文化的深厚底蕴。这种体验式的旅游方式，不仅让游客在游玩中获得了知识，还激发了他们对乡村文化的兴趣和热爱。

这些创新性的乡村旅游产品，不仅极大地丰富了乡村旅游的内容，还满足了游客日益多样化的需求。它们以独特的视角和方式，展现了乡村的魅力与活力，为乡村旅游的未来发展注入了新的动力。随着数字技术的不断进步和创新，相信未来乡村旅游产品体系将更加多元化、特色化，为游客带来更加丰富多彩的旅游体验。

（二）数字文旅助力乡村产业融合发展

随着数字文旅的蓬勃发展，其为乡村产业融合发展带来了前所未有的历史机遇和强劲动力，犹如一股清新的春风，吹拂着乡村的每一个角落，推动着农业生产、手工业制造以及服务业与文旅产业的深度交融，共同绘制出一幅乡村产业融合发展的新蓝图。

1.数字农业与文旅产业的深度融合

在数字技术的强力支撑下，农业生产与乡村旅游实现了前所未有的深度融合，开启了乡村产业融合发展的新篇章。物联网技术的广泛应用，如同为农田管理插上了智慧的翅膀，使得灌溉、施肥、病虫害防治等管理环节变得更加精准、高效。通过物联网技术的实时监测和数据分析，农民可以更加科学地管理农田，不仅显著提高了农产品的产量和质量，还为乡村旅游增添了别具一格的农业体验项目。游客可以亲身参与农事活动中，亲手耕种、收获，近距离感受农耕文化的独特魅力，体验乡村生活的淳朴与乐趣。

同时，大数据技术的深入运用，为农业生产和乡村旅游的市场分析、产品开发提供了强有力的数据支持。通过对市场数据的深度挖掘和分析，农业生产者可以更加准确地把握市场需求，科学调整种植结构，生产出更符合市场需求的农产品。乡村旅游开发者则可以根据游客的偏好，开发出更具吸引力的旅游产品，满足游客多样化需求。

据统计数据显示，2023年我国数字农业市场规模约为826亿元，且保持着快速增长的强劲势头。这一数据不仅彰显了数字农业在市场上的巨大潜力，更预示着数字农业与文旅产业深度融合的广阔前景和无限可能。可以预见，在未来的发展中，数字农业与文旅产业将继续保持深度融合的态势，共同推动乡村产业的转型升级和融合发展，为乡村振兴注入新的活力和动力。

2.乡村手工业与文旅产业的创新融合

乡村手工业，作为承载着深厚传统文化底蕴的瑰宝，在与数字文旅产业的创新融合中，焕发出了前所未有的生机与活力。

3D打印技术的引入为乡村手工艺品的制作带来了革命性变革。这一高科技手段不仅极大地提高了手工艺品的制作精度和效率，更实现了个性化定制的可能。游客可以根据自己的喜好和需求定制出独一无二的手工艺品，使其成为极具个人特色的旅游纪念品。这种个性化的定制服务，不仅满足了游客对独特旅游纪念品的追求，也增加了手工艺品的附加值和市场吸引力。

AR/VR技术的融入更是为乡村手工艺品赋予了全新的生命力。通过AR技术，游客能在现实世界中看到手工艺品的虚拟展示，甚至参与手工艺品的虚拟制作过程，亲身体验手工艺的魅力。VR技术则让游客能够身临其境地进入手工艺品的制作工坊，与虚拟的手工艺人进行互动，深入了解手工艺品的制作过程和文化内涵。这种创新性的融合方式，不仅增强了手工艺品的互动性和趣味性，也让游客在游玩的过程中获得了更加丰富的文化体验和知识收获。

总之，乡村手工业与数字文旅产业的创新融合，为乡村手工业的发展开辟了新的道路。这种融合不仅提升了手工艺品的制作水平和市场竞争力，也为游客提供了更加多样化、个性化的旅游体验。相信在未来的发展中，这种融合将会继续深化，为乡村手工业和文旅产业带来更加广阔的发展前景。

3.乡村服务业与文旅产业的智慧融合

随着数字技术的日新月异，乡村服务业与文旅产业正携手步入智慧融合的新阶段。智慧旅游的蓬勃发展，如同一股强劲的东风，为游客带来了前所未有的便捷与高效旅游体验。

在线旅游平台的兴起，让游客只需轻点指尖，就能轻松预订门票、酒店、交通等全方位旅游产品，享受一站式旅游服务。这种智能化的预订方式，不仅简化了旅游流程，还大大提高了游客的出行效率，让旅游变得更加轻松愉快。同时，智慧旅游还充分利用大数据技术的优势，对游客的旅游行为和偏好进行深入分析。通过挖掘游客的消费习惯、游览路线、停留时间等宝贵数据，开发者能够更加精准地把握市场需求，为乡村旅游的产品开发和市场营销提供有力的数据支持。这种数据驱动的决策方式，不仅提高了旅游产品的针对性和吸引力，还促进了乡村旅游的转型升级和持续发展。

据统计数据显示，2023年我国在线旅游市场规模约7460亿元，并且保持着快速增长的强劲势头。这一数据不仅彰显了在线旅游市场的繁荣景象，更预示着乡村服务业与文旅产业智慧融合的巨大潜力和广阔空间。可以预见，在未来的发展中，乡村服务业与文旅产业的智慧融合将继续深化，共同推动乡村旅游的智能化、个性化和高质量发展，为乡村振兴注入新的活力和动力。

（三）数字文旅助力乡村文化传承与创新

数字文旅的兴起，为乡村文化的传承与创新开辟了前所未有的全新路径。在数字化技术的强力赋能下，乡村文化遗产得到了更加全面、有效的保护，乡村文化产品焕发出了勃勃生机，而智慧旅游则成为推动乡村文化传承与发展的重要力量。

1.数字化保护乡村文化遗产

数字化技术，宛如一双无形而强有力的手，为乡村文化遗产精心筑起了一道坚不可摧的保护屏障。借助高精度扫描、3D建模、虚拟现实等先进的数字化手段，乡村中那些历史悠久的古建筑、独具匠心的传统手工艺、丰富多彩的民俗活动等珍贵文化遗产，得以被完整、准确地记录和保存，并以全新的方式展示给世人。

这些数字化成果，不仅为乡村文化遗产的保护提供了科学、可靠的依据，使得我们能够更加精准地了解和掌握乡村文化遗产的真实状况，还为其传承和发扬光大奠定了坚实的基础。通过数字化手段，我们可以将文化遗产的信息永久地保存下来，让后人能够随时随地了解和学习，从而确保文化遗产的传承不断层、不遗失。同时，数字化保护还为乡村文化遗产的传播和推广提供了新的途径。借助互联网和数字媒体的力量，我们可以将数字化后的文化遗产展示给更广泛的人群，让更多的人了解和欣赏到乡村文化的独特魅力。这不仅有助于提升乡村文化的知名度和影响力，还能促进乡村文化的交流和发展，为乡村的振兴注入新的活力。

2.创新乡村文化产品

随着数字文旅的发展，乡村文化产品的创新迎来了前所未有的机遇。数字技术的深度融入，为乡村文化产品的开发开辟了新的路径，让传统乡村文化以更加新颖、独特的方式呈现。

结合当地的特色文化，我们可以创造性地开发出一系列具有浓郁乡村风情和独特创意的数字文旅产品。一是通过数字化手段将乡村的传统图案、民俗故事、手工艺技艺等元素融入其中，打造出既具有实用性又富含文化意义的创意产品；二是借助电子阅读技术，将乡村的历史传说、民间故事、风土人情等文字记录数字化，让游客在轻松阅读的同时，也能深入了解乡村文化的深厚底蕴。这些创新性的数字文旅产品，不仅融入了乡村文化的独特元素，还借助数字化技术的力量，以更加生动、形象、互动的方式呈现在游客面前。它们打破了传统乡村文化产品的单一形式，以更加多元化、现代化的方式走进人们的生活，极大地提升了乡村文化产品的市场竞争力和吸引力。

通过这些创新产品的推广和传播，乡村文化得以突破地域限制，从深山走向更广阔的市场。更多的人通过这些数字文旅产品，感受到了乡村文化的独特魅力和深厚底蕴，进一步促进了乡村文化的传承和发展。同时，这也为乡村旅游带来了新的增长点和发展机遇，为乡村振兴注入了新的活力。

3.智慧旅游推动乡村文化传承

智慧旅游的蓬勃发展，如同一股清新的春风，为乡村文化的传承注入了崭新的活力。在 VR、AR 等先进技术的助力下，游客得以身临其境地沉浸于乡村文化的独特魅力之中，仿佛穿越时空的隧道，回到了那个充满乡土气息与淳朴风情的时代。

这种沉浸式的体验方式，无疑为游客打开了一扇通往乡村文化深处的大门。他们不再只是旁观者，而是成为乡村文化故事中的一部分，亲身体验着乡村的民俗风情、传统手工艺和悠久历史。这种深入骨髓的体验，让游客更加深刻地理解了乡村文化的内涵和精髓，也激发了他们对乡村文化的浓厚兴趣和无限热爱。

智慧旅游的推动，不仅让乡村文化在游客心中留下了难以磨灭的深刻印象，更成为他们心中难以忘怀的美好回忆。这些回忆，如同珍贵的宝藏，被游客带回到城市的喧嚣之中，成为与他人分享、传播乡村文化的桥梁和纽带。同时，这种创新的传承方式也为乡村文化的创新发展提供了新的思路和方向。在智慧旅游的引领下，可以更加灵活地与现代科技相融合，创造出更多具有时代特色和创新精神的乡村文化产品。这些产品，不仅将乡村文化的魅力展现得淋漓尽致，也为乡村文化的传承和发展开辟了新的道路和天地。

（四）数字文旅助力乡村治理现代化

数字文旅的深入发展与广泛应用，不仅为乡村旅游产业带来了前所未有的革新，更为乡村治理现代化建设奠定了坚实的基石，提供了强有力的技术支撑。在这一进程中，智慧乡村、智慧社区以及智慧党建的建设成为关键的推动力量，数字化技术正以前所未有的速度渗透到乡村治理的每一个角落，推动着乡村治理体系的不断完善和治理能力的全面提升。

1.智慧乡村建设：乡村基础设施的智能化升级

智慧乡村作为数字文旅助力乡村治理现代化的重要一环，正引领着乡村基础设施向智能化、高效化方向迈进。借助物联网、大数据等前沿技术，我们可以实现对乡村基础设施的全方位、智能化管理。通过部署智能监控系统，我们还可以对乡村的道路、桥梁、水利设施等关键基础设施进行实时监测，及时发现并处理潜在的安全隐患，确保乡村基础设施的安全稳定运行。同时，智能垃圾分类系统的引入，大大提高了乡村垃圾处理的效率和环保水平，让乡村环境更加整洁、美丽。此外，智能农业灌溉系统的应用，实现了对水资源的精准控制，提高了农业生产的效率和可持续性，为乡村的农业发展注入了新的活力。

这些智能化手段的应用，不仅极大地提升了乡村基础设施的管理水平，还为乡村治理提供了更加科学、高效的决策支持。通过数据分析，我们可以更加准确地了解乡村基础设施的运行状况，为乡村治理提供有力的数据支撑，推动乡村治理向更加精细化、智能化的方向发展。

2.智慧社区建设：提升乡村社区服务质量和居民幸福感

智慧社区作为数字文旅助力乡村治理现代化的另一大支柱，正以其独特的魅力，悄然改变着乡村社区的面貌，极大地提升了社区服务的质量和居民的幸福感。

通过数字化手段的巧妙运用，乡村社区服务平台应运而生，为居民提供了线上咨询、办事指南、生活服务等一系列便捷的一站式服务。居民无须再奔波于各个部门之间，只需轻轻一点，就能轻松获取所需信息，办理相关事务，大大节省了时间和精力。同时，智能安防系统的引入，为乡村社区筑起了一道坚实的安全防线。通过高清监控、人脸识别等技术，系统能够实时监控社区内的安全状况，及时发现并处理潜在的安全隐患，有效保障了居民的人身和财产安全。此外，智能健康监测系统的应用，更是将健康关怀送到了居民的身边。系统能够实时监测居民的健康状况，提供个性化的医疗建议和健康指导，帮助居民更好地管理自己的健康，预防疾病的发生。

这些智慧化的社区服务，不仅极大地方便了居民的生活，也促进了乡村社区的和谐发展。居民在享受便捷服务的同时，也感受到了社区的温暖和关怀，对社区的归属感和认同感进一步增强。智慧社区的建设，正以其独特的魅力，为乡村治理现代化注入新的活力，推动着乡村社区向着更加美好、和谐的方向发展。

3.智慧党建：加强党组织建设，提升乡村治理能力

智慧党建，作为数字文旅助力乡村治理现代化的重要创新举措，正以其独特的优势，为加强党组织建设、提升乡村治理能力提供着强有力的支撑。

利用数字化技术，我们可以建立起党员信息管理系统，实现党员信息的数字化、动态化管理。这一系统不仅能够准确记录党员的基本信息、学习经历、工作表现等，还能实时更新党员的状态变化，为党组织提供全面、准确的党员数据支持，有助于党组织更加精准地掌握党员情况，进行有针对性的管理和服务。

同时，在线党课、党建知识竞赛等形式的创新，极大地丰富了党员的学习内容和方式。党员们可以随时随地通过手机、电脑等终端设备参与学习，不受时间、地点的限制，提高了学习的灵活性和便捷性。这种新颖的学习方式也激发了党员的学习积极性和参与度，使他们在轻松愉快的氛围中不断提升自己的政治素养和业务能力。

此外，数字化手段在党风廉政建设中的应用，更是为党组织的廉洁自律意识注入了新的活力。通过电子监察、在线举报等方式，能够实现对党风廉政建设的全程监督和管理，及时发现并纠正存在的问题，确保党组织的清正廉洁。

这些智慧化的党建措施，不仅增强了党组织的凝聚力和战斗力，也为乡村治理提供了更加坚强有力的组织保障。在智慧党建的引领下，党组织将更加高效地运转，更加有力地推动乡村治理现代化的进程，为乡村的繁荣发展贡献更大的力量。

展望未来，数字技术与文旅产业的深度融合将为乡村振兴注入前所未有的活力与动力。在这一进程中，确保可持续发展和生态保护不仅是责任所在，更是长远发展的基石。我们必须深刻认识到，发展绝不能以牺牲环境为代价，数字文旅的推进应当与生态保护相协调，注重资源的合理利用与环境的保护，实现绿色、低碳、循环的发展模式。

同时，加强区域合作是推动数字文旅与乡村振兴融合发展的关键。通

过跨区域的资源共享、优势互补,可以形成更大的市场规模和更强的品牌影响力,促进文旅产业的集群化发展。此外,文化交流也是不可或缺的一环。数字文旅为不同地域文化的展示与传播提供了广阔平台,我们应当充分利用这一优势,加强文化间的交流与互鉴,增进民众对多元文化的理解和尊重,促进文化的多样性和包容性发展。

最终,数字文旅与乡村振兴的融合旨在惠及更广泛的人群,共同创造美好、和谐的新生活。这意味着我们不仅要关注经济效益的提升,更要注重社会效益和民生福祉的改善。通过数字文旅的发展,带动乡村就业、增加农民收入,提升乡村居民的生活质量和幸福感,让乡村成为人们向往的宜居宜业之地。

参考文献

[1] 褚颜魁, 王冰冰. 基于新内生力的河南省乡村振兴高质量发展对策研究[J]. 农业与技术, 2024, 44（17）: 166-168.

[2] 丁芳芳. 数字文旅助推乡村振兴的路径[J]. 农村科学实验, 2024（21）: 30-32.

[3] 范玉鹏, 刘洺远. 数字文旅助力乡村振兴的内在机理与实践路径[J]. 河南农业, 2023（12）: 55-57.

[4] 胡优玄. 基于数字技术赋能的文旅产业融合发展路径[J]. 商业经济研究, 2022（1）: 182-184.

[5] 黄祖辉. 准确把握中国乡村振兴战略[J]. 中国农村经济, 2018（4）: 11.

[6] 贺小荣, 徐海超. 乡村数字文旅发展的动能、场景与路径[J]. 南京社会科学, 2022（11）: 163-172.

[7] 河南省社科联课题组. 当前河南实施乡村振兴战略的难点及破解路径[EB/OL].（2023-01-16）[2025-04-23]. http://www.hnskl.org/zhuanti/zyzk/2021/zt8/2023-01-16/15842.html.

[8] 吕臣, 王慧, 李乐军, 等. 数字文旅融合助力乡村振兴实现逻辑、路径与对策[J]. 商业经济研究, 2022（23）: 137-140.

[9] 陆益龙. 后乡土中国[M]. 北京: 商务印书馆, 2017.

[10] 刘涛. 文旅融合下乡村旅游高质量发展的路径创新研究[J]. 学理论, 2022（12）: 68-70.

[11] 李伯华, 张浩, 窦银娣, 等. 景观修复与文化塑造: 传统村落的

空间生产与符号构建——以湖南省通道侗族自治县皇都侗文化村为例[J].地理科学进展，2023（8）：1609-1622.

[12]李畅.文旅融合视角下乡村旅游发展路径探索[J].农村经济与科技，2022，33（14）：91-93.

[13]李雪芬.文旅融合背景下乡村旅游产业发展路径研究[J].南方农业，2019，13（21）：110-112.

[14]李智，甘泗群.数字文旅服务乡村振兴的逻辑理路和实践路径研究——以湖北省中西部地区为例[J].世纪桥，2024（6）：49-51.

[15]李静雯.数字经济驱动下中国制造业现代产业体系测度及时空演变研究[D].辽宁大学，2023.

[16]农业农村部 中央网络安全和信息化委员会办公室.数字农业农村发展规划（2019—2025年）[EB/OL].（2020-01-21）[2025-04-23].https://www.gov.cn/xinwen/2020-01/21/content_5471120.htm.

[17]冉清林.乡村振兴战略下文旅融合发展策略探究[J].公关世界，2023（20）：98-100.

[18]孙少晶.数字价值观：一个新的研究框架[J].新闻与写作，2023（10）：45-54.

[19]吴佩莹.新时代数字文旅人才培养路径探索[J].吉林农业科技学院学报，2024，33（5）：79-83.

[20]王金伟，李洪鑫，彭晖.乡村振兴视域下数字科技赋能文旅融合的逻辑与路径[J].旅游学刊，2024，39（11）：11-13.

[21]王锋.技术与价值：数字化治理的两个维度[J].行政论坛，2023，30（4）：136-142.

[22]徐菲菲，何云梦.数字文旅创新发展新机遇、新挑战与新思路[J].旅游学刊，2021，36（7）：9-10.

[23]许九悦，侯爱萍.数字文旅赋能乡村振兴的现实困境与优化路径[J].乡村论丛，2023（6）：47-53.

[24]喻晓社，游琪.数字文旅推进乡村振兴的逻辑与进路[J].南昌大学学报（人文社会科学版），2024，55（3）：99-108.

［25］杨惠焜.文旅融合视角下乡村旅游可持续发展路径研究［J］.农村经济与科技，2023，34（12）：93-96.

［26］杨洁.乡村振兴视域下文旅融合创新发展路径探究［J］.山西农经，2023（10）：33-36.

［27］郑妍，喻晓，宗天然.数字文旅支撑乡村振兴路径研究［J］.农村经济与科技，2024，35（5）：151-153.

［28］张宇京.乡村振兴背景下文旅融合路径分析［J］.南方农业，2022，16（12）：138-140.

［29］张成玉.我国智慧旅游生态链系统体系结构与发展［J］.鄂州大学学报，2021，28（4）：48-50.

［30］赵小凤.数字经济赋能乡村文旅产业振兴的理论机理、现实困境与实现路径［J］.智慧农业导刊，2023，3（14）：109-112.

［31］中华人民共和国国民经济和社会发展第十四个五年规划和2035年远景目标纲要［M］.北京：人民出版社，2021.